中国 系列丛书

国门中国

CHINA CUSTOMS

姚永超 —— 主编

上海教育出版社

目　录

前　言

当今世界正处于大发展大变革大调整时期,正在经历百年未有之大变局。经济全球化的总趋势没有改变,但遭遇了波折,保护主义、单边主义抬头,自由贸易和多边体制受到冲击。以习近平同志为核心的党中央高度重视海关工作,习近平总书记作出一系列重要指示批示,为新时代海关工作指明了方向,提供了根本遵循。

全国海关坚持以习近平新时代中国特色社会主义思想为指导,坚决贯彻习近平总书记重要指示批示精神,认真落实十九大以来党中央重大决策部署,全面推进政治建关、改革强关、依法把关、科技兴关、从严治关(简称"五关"),统筹发展和安全,强化监管优化服务,积极主动服务国家发展大局。2018 年,党中央作出深化党和国家机构改革的决定,出入境检验检疫管理职责和队伍划入海关总署,关检业务队伍实现全面深度融合,口岸管理体制改革取得重大突破,维护国门安全、促进贸易便利更加有效,口岸营商环境大幅改善。新时代中国海关取得了跨越式发展的重大成就。

2018 年关检机构融合以来,海关坚决贯彻落实中央全面深化改革决策部署,深化"放管服"改革,大幅精简行政审批事项,接续推进"信息互换、监管互认、执法互助"的"三互"大通关、区域通关一体化、全国通关一体化改革,制定实施"海关改革 2020"总体方案,各项改革举措进一步关联耦合,海关监管通关模式实现重大创新。大力优化口岸营商环境,进出口环节需要验核的监管证件从 2018 年的 86 种精简至 2020 年的 41 种;大幅压缩进出口货物整体通关时间,2021 年 10 月,进口、出口货物整体通关时间分别压缩至 41.83 小时、1.95 小时,比 2017 年分别压缩 60%、80%。节省的每一分钟每一小时都能折算成企业的经济效益,制度性通关成本大幅下降,中国跨境贸易便利化全球排名由 2016 年的第 96 位大幅提升到 2021 年的第 56 位,在以海运方式为主的经济体中排名第 7 位。

海关多措并举促进外贸实现稳定增长,推动外贸高质量发展。2013 年,我国货物贸易进出口总值 25.82 万亿元,是加入世界贸易组织(World Trade Organization,简称 WTO)时的 6.12 倍。中国货物贸易进出口量连创新高,2018 年突破了 30 万亿元大关,紧接着 2021 年又接近了 40 万亿元的关口,国际市场份额也从 2012 年的 10.4% 提升到 2021 年的 13.5%。从 2017 年以来,中国已经连续五年保持世界货物贸易第一大国的地位。

2018 年关检机构融合以来,海关大力支持打造高水平对外开放平台,自贸试验区海关监管制度创新加快推进,支持上海自贸试验区临港新片区和海南自由贸易港建设取得重大进展,推动综合保税区高水平开放高质量发展成效显著。截至 2021 年年底,全国共批准设立综合保税区等海关特殊监管区域 168 个,总规划面积 450 平方千米。2020 年,全国海关特殊监管区域进出口值 6.26 万亿元,以不到全国十万分之五的土地面积,实现了约占全国五分之一的外贸进出口值,每平方千米平均进出口值超过 100 亿元,单位面积投资强度和工业产值均居我国各类开发区之首。主动服务"一带一路"建设,我国对"一带一路"沿线国家进出口连续多年快速增长。2021 年前 10 个月对"一带一路"沿线国家进出口 9.3 万亿元,增长 23%,超过全国整体增速 0.8 个百分点,展现出强大活力。以习近平总书记提出的"智慧海关、智能边境、智享联通"合作理念引领海关贸易安全和便利化合作,得到各国海关高度认同,该理念已被纳入世界海关组织战略环境分析和中欧海关合作战略框架。我国与 46 个国家(地区)签署了 AEO 互认协定,数量居世界第一位。认证企业普遍感受到在境外通关速度明显加快,成本有效降低。积极参与世界贸易组织、世界海关组织、世界动物卫生组织、国际植物保护公约组织等国际组织的有关规则和标准制订,深度参与自贸协定谈判,实现了有关国际规则标准的全面对接。

2018 年关检机构融合以来,海关在维护国家政治、经济、社会、文化、生态安全等方面全面履行职责,在打击象牙等濒危动植物及其制品、洋垃圾、涉枪涉爆等走私物品方面不断取得更大战果,进出口商品安全保障、食品安全监管、动植物检疫能力不断强化,有效阻截非洲猪瘟、高致病性禽流感、沙漠蝗等重大动植物疫情疫病传入传出和外来物种入侵,口岸检疫防线织密织牢。尤其在当前新冠肺炎疫情防控工作中,面对前所未有的风险挑战,海关广大党员干部坚决贯彻落实习近平总书记重要指示批示精神,始终把口岸疫情防控作为首要政治任务和工作的重中之重,大力弘扬和践行伟大抗疫精神,勇挑重担,逆行出征,以绝对忠诚和专业精神坚决筑牢国门第一道防线。

海关在主动服务国家高质量发展、织密织牢国门安全屏障方面的作用越来越重要。党的十九大报告中提出,中国从 2020 年到 2035 年,在全面建成小康社会的基础上,再奋斗十五年,基本实现社会主义现代化。十九大以来的中国发展,正处在一个新的历史交汇点,现已实现第一个百年奋斗目标,全面建成小康社会,正在向着第二个百年奋斗目标迈进,开启全面建设社会主义现代化国家新征程。2021 年海关总署制定"十四五"海关发展规划,提出海关将持续深化"五关"建设,不断丰富"五关"建设新内涵,全面发挥海关在安全、贸易、税收等方面的职能作用,积极探索具有中国特色社会主义制度优势的新时代海关改革与发展之路,遵循党的全面领导、以人民为中心、坚持新发展理念和系统观念,全面推进社会主义现代化海关建设。

上海海关学院是海关总署唯一直属的全日制本科高等学校。学校始终坚持社会主义办学方向,全面贯彻党的教育方针,落实立德树人的根本任务,扎根中国大地、对标海关行业需求,走特色办学的内涵发展之路,培养符合海关事业和经济社会发展需要的应用型、复合型、涉外型的高素质海关管理专业人才。为了全面记录下"两个一百年"历史交汇时期中国海关所取得的跨越式发展成绩,总结经验,也为了帮助同学们牢固树立政治意识、法治意识、服务意识、创新意识、廉洁意识,增强未来国门卫士接班人的"四个自信",在近年来上海各高校创设"中国系列"课程的情况下,上海海关学院马克思主义学院乘势而为,建设了具有鲜明海关特色的"国门中国"思想政治理论选修课。

为建设"国门中国"课程,学校组建了一支教学团队,马克思主义学院思政课教师和党校工作部、国际交流部、法律系等专业教师结合在一起,集体备课,专题授课,共同编写了这本教材。其中,姚永超教授撰写了第一章"中国海关概述",并进行了全书统稿工作;第二章"突出政治建关"的撰写者为顾荣博士;第三章"服务经济国门"的撰写者为韩晓梅博士;第四章"建设法治海关"的撰写者为娄万锁副教授；第五章"建设智慧海关"的撰写者为胡啸天博士；第六章"国门生物安全"的撰写者为董强博士；第七章"建设清廉海关"的撰写者为杨敬敏博士。囿于水平和时间，书中定有不当之处，恳请读者批评指正。

上海海关学院副院长　王晓刚

2022 年 7 月 22 日

第一章　中国海关概述

家是最小国，国是千万家。有国必有边，有关才护家。中国历史悠久，文化灿烂，人口众多，领土辽阔，约有 960 万平方千米的陆地总面积，并与十几个国家陆路接壤，有着长约 1.8 万千米的大陆海岸线和 2.28 万千米的陆地边境线。在漫长的海陆边境线上及内陆对外交通重要城市，国家根据对外贸易、国际交往或旅游事业的需要，审批开放了供人员、货物和交通工具出入国境的港口、机场、车站、通道等 500 多个口岸；同时，国家根据管理的需要，在口岸设立了海关、边防检查、港务管理等机构。中国海关从国家安全和整体利益大局出发，持续深化口岸改革，优化口岸布局，严守国门安全，促进贸易便利，为建设社会主义现代化强国、满足广大人民的美好生活要求而努力奋斗。

第一节　海关的基本内涵和重要作用

一、“关”字考释和中国古代“关”的管理

“关”字，其繁体作“關”，甲骨文中无此字，最早出现在西周的金文里，初作（陈猷釜）和（鄂君启舟节）。[①]《古文字谱系疏证》所收“關”字形亦同。《金文常用字典》对“”析形，像关门上闩。鄂君启舟节中字，从门串声，为“關”之异体，到小篆时变为从门𢇇声。东汉许慎的《说文解字》这样解释“關”字：“以木横持门户也，从門，𢇇声（𢇇，音关，织绢时，以丝贯杼也。杼，解为梭）。”[②]由上可见，關字门中的𢇇和、字门中的“”“”，均是声符。字形虽异，其本义都是抵拒门户的装置。關用作动词，引申指关闭、闭合，门关则不得出入，又引申为设在险要地域或国境上防止入侵的关口、要塞。

---

① 容庚.金文编[M].北京：中华书局，1985：770.

② [清] 段玉裁.说文解字注[M].上海：上海古籍出版社，1988：587。

"关"字在《说文解字》中列于门部,"关"是门的意思的衍生。从出土的文献资料看,甲骨文中有"门"字甲骨多片,但是没有发现"关"的单字,说明殷商时期可能还无"关"之设。西周的金文最早出现"关"字,这恰恰反映了从商到周,是由"门"到"关"的关键发展时期。"关"字的意义在不断扩大,而"门"的指示意味较小,到后来"关"的意义中渐渐包含了"门"。从国家学即国家形态的演进来说,从商到周,就是由城邑之国发展到天下之国,从族群之国到华夏之国的重要转折时期。[①] 在这一历史转折中,"关"的含义也由原来的城邑之国的城门木栓发展至分封之国的国境之门,成为整个国家的门户。

对于西周时期的门、关这些机构的职能,《周礼·地官·司徒》分别如是记载:司门,"掌授管键,以启闭国门",并对"出入不物者,正其货贿",如发现"财物犯禁者举之,……没入官";司关,"凡货不出于关者,举其货,罚其人";司市,"掌市之治教、政刑、量度、禁令","凡通货贿,以玺节出入之"[②]。

从上可见,门、市、关是管理货物进出的机构。那么从空间位置上看,市、门和关三者又是如何布局的呢?依照《周礼》,天下中心是王城周围方千里的王畿。王畿以方九里的王城为中心,再分别以百里为界,呈正方形辐射状大小相包,依次迭远;由近及远,分别称为郊、甸、稍、县、畺(都)。在王畿以外的广大地区,又以王畿为中心,呈正方形辐射状,层层向外分布,于是有所谓九畿,即侯、甸、男、采、卫、蛮、夷、镇、蕃。据此,《周礼》中的门,指的就是王城之门。而关设置在哪呢?南宋著名历史地理学家王应麟在《玉海》中解释司关职能时指出:"司关,总检校十二关,所司在国内……王畿千里,王城在中,面有五百里,界首面置三关,则亦十二关。"[③]由上可见,周有"十二关"体系,设在王畿即王国的边境之上。

因关、门、市都有向商贾征税的职责,但三者不在一处,相隔甚远,就可能给商贾作弊逃税的机会。为了堵塞这一漏洞,《司关》职云:"掌国货之节,以联门市。"这里"货之节"是指掌节机构发给商人货贿出入关门的凭证——玺节。商人必须持有玺节,证明货物名称和数量,才能由市达于国门,由国门达于关。关门之吏则"案其节,而书其货之多少"。对于由关外入市的商人,也

---

① 刘建军.中国古代政治制度十六讲[M].上海:上海人民出版社,2009:65-66.
② [清]阮元校刻.十三经注疏[M].北京:中华书局,1980:739.
③ [宋]王应麟.玉海[M].南京:江苏古籍出版社,1987:486.

要由关而门、由门而市地出示其所在邦国发给的玺节,并办理登记和纳税手续。《周礼》贾公彦疏:凡货物,"自外入者征于关,关移之门,门移之市,所谓征于关者勿征于市也。自内出者征于市,市移之门,门移之关,所谓征于市者勿征于关也",这样就避免了关、门、市三者重复征税。概括而言,《周礼》设计了司市、司门和司关,即从城内市场到城门、再到境上关门的以节相通、环环相扣、三位一体、职能关联的制度。

今天普遍认为《周礼》一书是战国时期人所作,以记述周王室职官制度为名,实际上反映的是作者基于大一统政权理想而构建起的治国蓝图,是一部对后世极富启发意义的文献。该书中关于"司关、司门、司市"和"九畿"的概念性意向,即在王城内有市场、王城有城门、王畿有关门,这种从市场到城门、关门圈层布局及联系一体的理念,在中国古代关的设置、职能定位及管理上是有特殊价值的。中唐以前,在中央王朝地区内部水路关津要地、中原和边疆及周边国家交往要道之处,都曾设立过关防,并大都遵循孔孟儒家思想——"讥而不征""关以禁暴"。即使偶有对通过关津的商贾征税,也是从"农为本""禁末游"的立场出发的。随着唐宋商品经济的发展,中唐以后的学者对"关"的认识逐渐突破传统儒家教条的束缚,关津的政治军事色彩日趋淡薄,原先设险守固的禁防,演变成为课收商利的税关,财政经济功能开始成为重心。

二、海关对现代国家的重要作用和意义

15 世纪人类大航海和早期全球化以后,世界各地逐渐交往联系紧密,设置在边境尤其是沿海地区,管理各国间商品货物交往的海关越来越重要。马克思、恩格斯在《德意志意识形态》一书中,论述开始于 17 世纪中叶并几乎一直延续到 18 世纪末的欧洲市场的发展时,揭示过关税和海关对西方国家发展壮大及对外扩张的作用。他们说:"商业和航运比那种起次要作用的工厂手工业发展得更快;各殖民地开始成为巨大的消费者;各国经过长期的斗争,彼此瓜分了已开辟出来的世界市场。这一时期是从航海条例和殖民地垄断开始的。各国间的竞争尽可能通过关税率、禁令和各种条约来消除,但是归根结底,竞争的斗争是通过战争来进行和解决的。"他们还说:"对工厂手工业一

直是采用保护的办法：在国内市场上实行保护关税,在殖民地市场上实行垄断,而在国外市场上则尽量实行差别关税。"①

在早期全球化时代开启,葡萄牙、西班牙等国殖民者相继东来之后,明末隆庆至崇祯年间(1567—1644年),出于财政上的需要,放开海禁,开设月港洋市,设置督饷馆,征收引税、水饷、陆饷和加增饷等。清康熙二十二年(1683年),在东南沿海设置江、浙、闽、粤4个海关,这是中国海关历史上第一次正式以"海关"两字命名机构。清乾隆二十二年(1757年),鉴于西方商人对中国沿海贸易的冲击,只准许他们在广州一处通商,而且必须经过官方指定的公行即"十三行"进行。西方国家商品难以无限制地侵入中国市场,于是将大量鸦片输入中国换取中国丝绢和茶叶。鸦片输入越来越多,大量白银滚滚外流,中外矛盾便日渐尖锐起来,新兴的海上霸主英国要以资本主义的侵略方式摧毁清朝的限制贸易政策,开辟市场,倾销商品,清朝则竭力维护一口通商,粤海关对外商严加防范、限制,使其无利可图而自动不来。1840年,西方列强对清朝的鸦片侵略战争不可避免地要发生,海关便首当其冲。

海关与近代国家、民族的命运息息相关,近代中国海关的历史,是中华民族苦难的一个缩影。1840年鸦片战争以后,西方列强强迫清政府签订一系列不平等条约,利用条约所赋予的特权,扩大对中国商品的倾销和资本输出,进行掠夺和榨取,逐步把中国卷入资本主义的世界市场。中国海关作为连接国内和世界市场的关键机构,丧失了关税自主权、行政管理权和税款收支保管权,不仅不能起到抵制外国商品倾销、保护民族经济的作用,反而成为外国对中国进行经济侵略和政治控制的一个工具。

1842年《南京条约》规定,开放广州、厦门、福州、宁波、上海5个港口城市为通商口岸。1858年《天津条约》又规定,开放牛庄(后改营口)、登州(后改烟台)、台湾(后定为台南)、淡水、潮州(后改汕头)、琼州、汉口、九江、南京、镇江10个口岸。1860年《北京条约》规定,增加开放天津为通商口岸。陆路方面,清政府还向俄国开放伊犁、喀什噶尔等商埠。据有关统计,近代中国共出现了108个开放商埠,4个租借地,加上香港、澳门,可供外国人贸易的口岸达到114个②。除了山西、陕西、青海、宁夏和贵州等少数省份,"北至于牛庄,南至

---

① 马克思,恩格斯.德意志意识形态[M]//马克思恩格斯全集(第3卷).北京:人民出版社,2006:65.
② 吴松弟.中国近代经济地理(第1卷,绪论和全国概况)[M].上海:华东师范大学出版社:72.

于琼崖,外至于大海,内至于长江"①,沿海、沿江、沿边等通商港埠星罗棋布于近代中国绝大部分省份。在这些通商口岸,外国人依仗不平等条约所规定的种种特权,控制当地的金融、工商事业,甚至设立租界,进行各种侵略活动。这些通商口岸大多成为帝国主义列强在中国进行经济掠夺的基地。

关税自主权是国家重要的经济主权。1842年《南京条约》规定,英国商人进出口货物的税率,清政府均宜"秉公议定则例"。1843年中英《五口通商章程:海关税则》,将英商进出口货物的具体税率以中英协定的形式明确下来。1844年中美《望厦条约》和中法《黄埔条约》进一步规定,倘中国以后要变更税例,必须得到对方"议允",正式把协定关税的条款订入条约。中国逐步丧失了关税自主权。1858年的《天津条约》还规定,外国商船可以自由在各通商口岸转口,其商品不需要重新课税。洋货只需要在海关缴纳2.5%的子口税,就可以在内地通行无阻,不必像中国商品那样"逢关抽税、过卡抽厘"。外国廉价商品在中国市场上大量倾销,排挤中国工业品和手工业品,并获取高额利润。

1854年,英、法、美三国利用上海小刀会起义之机,迫使清政府接受他们对江海关的管理,随后建立了管理中国海关的外籍税务司制度,中国丧失了海关的行政管理权。近代中国海关的职权范围,除了征收进出口关税以外,还管理港口、主办邮政等,甚至涉及与外国人交涉的各种事务。中国海关的高级职员全部由外国人充任,海关总税务司俨然成了清朝中央政府的最高顾问,而各通商口岸的海关税务司则成了各地地方政府的高级顾问。英国人赫德自1863年任总税务司开始,直到1908年回国,掌握中国海关大权近半个世纪之久。他曾向清政府提出《局外旁观论》,教训中国政府必须遵守不平等条约。他还帮助英国政府诱迫李鸿章签订《烟台条约》。

从1860年开始,西方列强逐步将中国海关税款交予总税务司直接管理。1894—1895年甲午战争和1900年义和团运动之后,关税被拿来偿还和抵押巨额的外债和赔款,中国丧失了海关税款收支保管权,近代海关成为西方列强掠夺中国人民的一个重要工具。

新中国海关的历史是中华民族走向复兴的生动写照。在中国共产党领

---

① [清]王韬.弢园文录外编[M].北京:中华书局,1959:132-133.

导下,中国海关彻底摆脱了帝国主义的掌控。新中国成立前夕召开的党的七届二中全会指出:"立即统制对外贸易,改革海关制度。"新中国成立后,人民政府接管了海关,受帝国主义控制的半殖民地海关历史正式宣告结束,国家大门的钥匙交回人民手中。在党中央的领导下,中国海关紧密围绕党和国家工作大局,坚持人民海关为人民,认真履行职责,严格依法行政,对维护国家安全、促进经济发展、推动改革开放发挥了重要作用。

第二节　新时代海关机构重大改革和新使命职责

一、新时代中国的大门越开越大

　　开放带来进步,封闭导致落后。党的十一届三中全会以来,中国把对外开放作为基本国策,顺应时代发展潮流,在对外开放条件下,在同经济全球化相联系过程中,建设、巩固和发展社会主义。1980年,在广东和福建两省设立了深圳、珠海、汕头和厦门四个经济特区,中国打开了对外开放的突破口;1984年开放了天津、上海、福州、广州等14个沿海港口城市;1985年起将长江三角洲、珠江三角洲、闽东南地区和环渤海地区开辟为沿海经济开放区;1988年设立海南经济特区,并在开放城市开辟经济技术开发区,加大引进外资和技术的步伐,沿海开放地带形成了。1990年,党中央决定开发开放上海浦东,以之为龙头,进一步开放长江沿岸城市,还相继开放了一些沿边城镇和内地省会城市。经过20多年的改革开放,形成了经济特区、沿海开放城市、沿海开放区、沿江开放港口城市、沿边开放城镇、内地省会开放城市的开放体系。中国的对外开放城市逐渐遍布全国所有省份,中国真正进入了改革开放时代。

　　1978年,中国国内生产总值为3 679亿元,占世界经济的比重为1.7%,居全球第11位。在对内改革和对外开放中,中国经济快速发展,1986年经济总量突破1万亿元;2000年突破10万亿元,超过意大利成为世界第六大经济体;2010年突破40万亿元,超过日本成为世界第二大经济体,占世界经济的比重为9.2%。2020年达到101.6万亿元,占世界经济的比重达到17%左右,稳居世界第二位。中国连续多年对世界经济增长的贡献率超过 30%,成为世界经济增长的火车头,科学社会主义在中国展现出蓬勃生机活力。

中国是在开放条件下发展起来的,未来中国要实现更好发展,也必须在更加开放的条件下进行。党的十八大后,习近平总书记到地方考察的第一站,就是广东这个中国改革开放先行地。他在深圳经济特区建立 40 周年庆祝大会上,明确指出"改革不停顿,开放不止步"。[①] 开放是当代中国的鲜明标识,党中央持续推进更高水平对外开放,正在加快形成全面开放的新格局。

全面开放的新格局,主要体现在优化区域开放布局、建设自由贸易区和自由贸易港,统筹走出去和引进来,共建"一带一路"和建设贸易强国、提升营商环境等方面。进入新时代以来,针对关系全局、事关长远的问题,党中央提出、实施了一系列重大区域发展战略,主要包括京津冀协同发展战略、长江经济带建设、长三角一体化发展、粤港澳大湾区建设、黄河流域生态保护和高质量发展等,尤其是针对我国对外开放中的"东快西慢""沿海强内陆弱"的现象,优化区域开放布局,重点促进东中西和东北"四大板块"联动发展,充分利用中西部地区自然资源丰富、劳动力充裕、国家政策支持力度加大等优势,深化扩大开放,逐步形成沿海、内陆、沿边分工协作、互动发展,东西双向互济的开放新格局。

进入 21 世纪以来,多边贸易体制发展进程受阻,开放水平更高、灵活性更强的区域贸易安排蓬勃发展,成为驱动经济全球化的主引擎。新时代中国支持多边贸易体制,促进自由贸易区建设,推动建设开放型世界经济。加快海关特殊监管区域整合升级,推动综合保税区高水平开放和高质量发展,建设加工制造、研发设计、物流分拨、检测维修、销售服务"五大中心"。2013 年 9 月 27 日,国务院批复成立中国(上海)自由贸易试验区。到 2020 年 9 月,中国设立自由贸易试验区 21 个,遍布东、南、西、北、中各个区域。2018 年 4 月 13 日下午,习近平在庆祝海南建省办经济特区 30 周年大会上郑重宣布,党中央决定支持海南全岛建设自由贸易试验区,支持海南逐步探索、稳步推进中国特色自由贸易港建设,分步骤、分阶段建立自由贸易港政策和制度体系,将海

[①] 改革不停顿、开放不止步[N].人民日报,2020 - 10 - 18.

南自由贸易港打造成为引领我国新时代对外开放的鲜明旗帜和重要开放门户,带动形成更高层次改革开放新格局。

新时代中国坚持自主开放与对等开放,加快"走出去"的战略谋划。2013年秋,习近平提出了共建丝绸之路经济带和21世纪海上丝绸之路倡议。2014年11月,"加强互联互通伙伴关系"东道主伙伴对话会在北京举行,习近平提出以亚洲国家为重点方向、以经济走廊为依托、以交通基础设施为突破、以建设融资平台为抓手、以人文交流为纽带的合作建议,指明了"一带一路"建设的方向和路径。2015年3月,国家发展改革委、外交部、商务部联合发布了《推动共建丝绸之路经济带和21世纪海上丝绸之路的愿景与行动》,详细阐释了"一带一路"建设的相关内容。截至2021年1月底,中国已与140个国家和31个国际组织签署共建"一带一路"合作文件205份,共建"一带一路"国家由亚欧延伸至非洲、拉美、南太等区域。"一带一路"正在成为和平之路、繁荣之路、开放之路、创新之路、文明之路。对外投资存量从2012年的0.5万亿美元增加至2020年2.3万亿美元,位居全球第三位。

中国货物贸易进出口量连创新高,2012年外贸进出口总值为24.42万亿元人民币,2018年突破了30万亿元人民币大关,到2021年又接近了40万亿元人民币的关口。国际市场份额也从2012年的10.4%提升到2021年的13.5%。[①] 因进出口总量大、占世界贸易比重高,中国已成为名副其实的贸易大国,成为全球贸易体系中不可或缺的关键一环。然而,贸易"大而不强"的特点却依然突出。2014年12月5日下午,习近平总书记在主持中共中央政治局集体学习时指出,"要加快从贸易大国走向贸易强国,巩固外贸传统优势,培育竞争新优势,拓展外贸发展空间,积极扩大进口"[②],为加快贸易强国建设指明了方向。党的十九大报告在推动形成全面开放新格局部分提出,拓展对外贸易,培育贸易新业态新模式,推进贸易强国建设。当前拓展对外贸易,加快转变贸易发展方式,从以货物贸易为主向货物和服务贸易协调发展转变,从依靠模仿跟随向依靠创新创造转变,从大进大出向优质优价、优进优出转变。积极培育了贸易新业态新模式,支持跨境电子商务、市场采购贸易、

① 王令浚.我国外贸实现量质双提升 经营主体增长1.7倍"朋友圈"不断扩大[N/OL].http://www.ce.cn/cysc/newmain/yc/jsxw/202205/20/t20220520_37602572.shtml.
② 习近平主持中央政治局第十九次集体学习并发表重要讲话[N].人民日报,2014-12-07.

外贸综合服务等健康发展，从而打造外贸新的增长点。

中国从 2018 年开始举办中国国际进口博览会。这是世界上第一个以进口为主题的国家级展会，是国际贸易发展史上的一大创举。习近平指出，中国国际进口博览会"是中国着眼于推动新一轮高水平对外开放作出的重大决策，是中国主动向世界开放市场的重大举措。这体现了中国支持多边贸易体制、推动发展自由贸易的一贯立场，是中国推动建设开放型世界经济、支持经济全球化的实际行动"①。这些掷地有声的话语，向世界充分展示了中国愿意打开自己市场、分享发展机遇的诚意和善意。在 2019 年 11 月举办的第二届中国国际进口博览会上，习近平总书记提出了共建开放合作、开放创新、开放共享的世界经济的三点倡议②，表明中国进一步扩大对外开放、推动贸易便利化的积极态度。

新时代中国对外开放持续扩大，"引进来"和"走出去"统筹推进，积极营造国际一流营商环境。大力加强利用外资法治建设，2019 年 3 月通过《中华人民共和国外商投资法》，确立了中国外商投资法律制度的基本框架。10 月又公布了《优化营商环境条例》。全面深入实施准入前国民待遇加负面清单管理制度，营造公平竞争市场环境，持续放宽市场准入，保护外资企业合法权益，加强知识产权保护，努力为各国企业家在中国投资兴业提供更好环境和条件，在更大范围、更宽领域、更深层次上提高开放型经济水平。近年来，通过大规模减税降费、"放管服"改革的深入推进等，中国关税总水平已降至7.5%。2019 年 10 月世界银行发布全球营商环境报告，中国营商环境排名由第 46 位上升到第 31 位，提升 15 位。

当今世界，开放还是封闭，合作共赢还是以邻为壑？习近平总书记高瞻远瞩地指出："综合研判世界发展大势，经济全球化是不可逆转的时代潮流……中国坚持对外开放的基本国策，坚持打开国门搞建设。……中国开放的大门不会关闭，只会越开越大！"③中国"奉行互利共赢的开放战略，遵守和维护世界贸易规则体系，推动经济全球化朝着开放、包容、普惠、平衡、共赢的方向发展，让经济全球化进程要有活力、更加包容、更可持续，让不同国家、不

同阶层、不同人群共享经济全球化的好处。"①这是习近平总书记运用马克思主义立场、观点、方法作出的重大判断,是对历史前进规律的正确把握,回应了世界关切,指明了经济全球化的发展方向。

二、十九大以来中国海关机构的调整和改革

党的十九大报告中提出,要深化机构和行政体制改革。统筹考虑各类机构设置,科学配置党政部门及内设机构权力、明确职责。党中央着眼党和国家事业发展全局作出的重大决策部署,是推进国家治理体系和治理能力现代化的一场深刻变革。针对开放的大门越来越大的新形势,党的十九届三中全会审议通过了《中共中央关于深化党和国家机构改革的决定》和《深化党和国家机构改革方案》,十三届全国人大一次会议审议通过了国务院机构改革方案,其中明确将国家质量监督检验检疫总局的出入境检验检疫管理职责和队伍划入海关总署。关检融合方案是深化党和国家机构改革的重要组成部分,在党中央的坚强领导下,中国口岸管理体制实现了革命性变革,海关职责进一步拓宽,队伍更加壮大,关检全面融合,口岸管理更加集约高效,中国海关事业进入一个崭新发展阶段。

与世界大多数国家海关机构发展相比,中国特色社会主义新海关具有以下特点:第一,海关总署作为国务院独立的直属机构,具有更大的权威性和自主性。大多数国家的海关隶属于财政部门,譬如欧盟有 16 个成员国海关作为政府二级机构隶属于财政部,还有 11 个作为政府三级机构。第二,与大多数国家海关隶属于财政部、偏重履行财税职责不同,中国海关作为独立的政府部门,强调综合职能的发挥,形成了目前财税和安全并重的职能模式。第三,海关监管、检验检疫两大口岸通关作业环节历史性地融为一体,通关流程和环节大幅精简优化。原报关、报检共 229 个申报项目合并精简至 105 个,产生了"1+1>2"的效果,推进了我国营商环境和跨境贸易的改善,企业和群众获得感大幅提升,得到地方政府、广大进出口企业、人民群众的好评。

---

① 习近平.稳步推进中国特色自由贸易港建设[M]//习近平谈治国理政(第三卷),北京:外文出版社,2020:197-198.

三、新时代海关的新形势和新任务

党的十九大作出了中国特色社会主义进入新时代的重大判断,对新时代中国特色社会主义发展作出了战略部署。新时代呼唤新使命,中国海关应在实现中华民族伟大复兴的历史进程中,承担起党和人民赋予海关的使命和责任。

(一) 增强开放监管能力,牢牢守住国门安全

越是开放越要重视安全,着力增强自身竞争能力、开放监管能力、风险防控能力。出入境检验检疫管理职能划入海关,口岸监管范围更广,监管链条更长,监管责任更大,海关维护国门安全的任务比历史上任何时候都更艰巨繁重,面临的执法风险挑战大幅增加。

随着对外开放进入新阶段,国门安全面临新考验。人民美好生活需要日益广泛,不仅在物质文化生活方面对进口商品提出了更高要求,而且在安全、环境等方面的要求日益增长,进出境监管面临新挑战。境外重大疫情多发高发,口岸疫情防控难度不断加大。洋垃圾、象牙走私、外来有害物种等对生态环境安全带来严重威胁。走私重点涉税商品、毒品、反宣品、枪支弹药等各类违法犯罪活动屡禁不止,影响了政治、经济和社会的安全。农产品、能源安全稳定供应风险上升,一些先进技术、重要设备、关键零部件"断链"风险加大,维护进出口食品、危化品等重点商品安全任务艰巨。

海关处在对外开放安全防控的第一线,承担着为国把关的重要使命。严格监管是海关本职,要全面履行海关在维护政治、经济、社会、文化、生态安全等方面的职责,将危害国家安全、社会稳定和人民生命健康的威胁拒之于国门之外。要增强开放监管能力,全面审视、有效应对开放中遇到的各类安全挑战。

(二) 积极促进高水平对外开放,助力构建新发展格局

加快构建新发展格局是关系我国发展全局的重大战略任务,是把握发展主动权的先手棋,不是被迫之举和权宜之计;是开放的国内国际双循环,不是

封闭的国内单循环;是以全国统一大市场基础上的国内大循环为主体,不是各地都搞自我小循环。其关键在于经济循环畅通无阻,塑造中国参与国际合作和竞争的新优势,重视以国际循环提升国内大循环效率和水平。

当前,世纪疫情和百年变局交织,世界经济复苏势头仍然不稳定,贸易和投资持续低迷,经济全球化遭遇逆流,国际经贸规则主导权之争更趋激烈,产业链供应链本土化、短距化、区域化布局的趋势明显。国内经济恢复基础尚不牢固,一些领域"卡脖子"问题仍然突出,要素资源配置、对外开放布局仍需优化,外贸发展质量不高、大而不强的问题仍未得到很好地解决,外贸发展存在不确定性,稳中提质任务仍然艰巨。

中国坚定实施对外开放基本国策。海关处在国内国际双循环的交汇枢纽,必须积极主动作为,协同推进强大国内市场和贸易强国建设,更好地服务构建新发展格局。要围绕服务外交外贸大局,积极开展国际合作,深入研究、深度参与制定国际规则、标准,稳妥推动市场双向开放,提升出口质量,支持扩大进口。要围绕高质量共建"一带一路"和区域协调发展战略,深入推进开放平台建设,扩大对内外开放,更好地利用国际、国内两个市场、两种资源,支持产业链供应链创新链优化升级。要围绕促进贸易和投资自由化便利化,全面深化改革,加强制度创新和治理能力建设,保持政策的稳定性可持续性,打造市场化、法治化、国际化口岸营商环境,培育外贸发展新优势。

第三节　新时代"守好国门、服务发展"的新征程

新时代要有新气象,更要有新作为。机构改革后,海关职责更宽广,队伍更壮大,海关事业进入一个崭新的发展阶段。为建设让党中央放心、让人民群众满意的中国特色社会主义新海关,承担守住安全和促进发展的新使命职责,展现新面貌,实现新作为,2017年新一届海关总署党组(党委)成立以来,提出了"政治建关、改革强关、依法把关、科技兴关、从严治关"的整体战略部署,努力建设一支让党和人民放心、经得起各种考验的准军事化纪律部队。[①]

---

① 全国海关关长会议在京召开[N/OL].[2018 - 01 - 26]. http://www.gov.cn/xinwen/2018 - 01/26/content_5261094.htm.

一、新时代"五关"建设整体战略部署

（一）政治建关

任何政党都有政治属性，都有自己的政治使命、政治目标、政治追求。马克思主义政党具有崇高政治理想、高尚政治追求、纯洁政治品质、严明政治纪律。旗帜鲜明讲政治是中国共产党作为马克思主义政党的根本要求。党的十八大以来，党中央把党的政治建设摆在首位，推动全党坚定政治信仰，严明党的政治纪律和政治规矩，加强和规范新形势下党内政治生活，净化党内政治生态。

中央和国家机关首先是政治机关，必须旗帜鲜明地讲政治。中央和国家机关离党中央最近，服务党中央最直接，在党和国家治理体系中处于特殊重要位置，是推动党中央治国理政、管党治党决策部署贯彻落实的领导机关。海关作为中央国家机关，海关总署党委在当前复杂多变的国际形势下，将"政治建关"作为"五关"建设之首、灵魂所在，把讲政治作为第一要求，牢固树立政治意识，把绝对忠诚作为海关工作的首要政治原则，增强政治自觉，走好第一方阵，全面推进政治机关建设。

政治建关的基本任务和实践要求，就是坚定政治信仰，强化理论武装，学通、弄懂、做实习近平新时代中国特色社会主义思想；扛起政治责任，做到"两个维护"；突出政治功能，加强党建引领；强化政治担当，全面履职尽责；永葆政治本色，加强纪律作风建设，不断提高政治判断力、政治领悟力和政治执行力，努力打造让党中央放心、让人民群众满意的模范机关。

（二）改革强关

改革是党和国家各项工作充满活力的必由之路，要多推有利于增添经济发展动力的改革，多推有利于社会公平正义的改革，多推有利于增强人民群众获得感的改革，多推有利于调动广大干部群众积极性的改革。党的十八大以来，党中央坚持全面深化改革，解放思想，坚持问题导向，推进国家治理体系和治理能力现代化，依靠改革为科学发展提供持续动力。

党中央对全面深化改革提出了新任务、作出了新部署、确定了总目标，这对海关全面深化改革提出了新要求。改革开放以来,海关始终处在改革开放的最前沿,主动作为,推出了一系列重大标志性改革,有力支持了国家改革开放和现代化建设。与此同时,海关自身改革持续深入,不断优化管理体制机制,也有效促进了海关自身的发展。进入新时代,海关改革还不平衡、不充分,改革的系统性、协同性有待加强,把关服务水平还不能完全满足企业和群众对更加便捷、高效通关的需求,监管理念、模式、水平距离国际最高标准还有差距。改革强关,任重道远。

新时代改革开放具有许多新的内涵和特点,其中很重要的一点就是,制度建设分量更重。改革更多面对的是深层次体制机制问题,相应地,建章立制、构建体系的任务更重。海关制度创新和治理能力建设是国家治理体系和治理能力现代化的重要组成部分。实现改革强关的目标,必须坚持理念创新,以问题为导向,围绕"服务高质量发展,推动高水平开放,保障高标准安全"的总体思路,构建新型海关监管机制,深入推进全国通关一体化改革,促进特殊监管区制度创新,落实"放管服"改革部署,持续优化口岸营商环境,努力打造先进的、国际上最具竞争力的海关监管体制机制,从而与世界第一货物贸易大国的地位相匹配。

(三)依法把关

党的十八大以来,党中央把全面依法治国纳入"四个全面"战略布局,坚持依法治国、依法执政、依法行政。无论是实现"两个一百年"奋斗目标,还是实现中华民族伟大复兴的中国梦,全面依法治国既是重要内容,又是重要保障。

海关作为执法部门,法治建设紧跟依法治国步伐。海关总署党委将"依法把关"作为"五关"建设的重要组成,领导海关法治建设迈上新台阶:海关法律规范制度体系逐步完善,海关法治引领和保障改革持续发力,有序地推进了海关职能实现方式的转变,海关执法质量和效能明显提升,海关全员法治观念和法律意识显著增强。

对标新时代新形势对海关法治建设提出的新要求,海关法治建设还存在一些不足和短板。主要体现在:法治政府理念和依法行政意识尚未形成普遍共识,有些同志的法治观念和法律意识有待强化,运用法治思维和法治方式解决问题的能力有待提升;制度供给质量与改革发展需要和人民群众诉求还不能完全适应,制度设计的科学性、前瞻性、实效性需要进一步加强;海关职能实现方式的转变与优化仍有提升空间,"放管服"改革"最后一公里"问题还需要下大力气解决;执法不规范、不统一情况还不同程度地存在,权力"傲慢"、执法"任性"、不作为、慢作为甚至乱作为问题尚未根本杜绝。

依法把关,就是追求良法善治,提升法规制度供给质量和效率,形成科学完备的海关法律规范体系;坚持依法行政,保证严格规范公正文明执法,推动海关管理模式、运行机制、监管流程制度化、规范化、标准化;培育塑造法治理念,营造尊法、学法、守法、用法的法治环境,充分发挥法治固根本、稳预期、利长远的保障作用。坚持人民主体地位,始终把人民对美好生活的向往作为海关法治建设的奋斗目标与核心价值追求,让人民群众在海关出台的每一项制度、验放的每一票货物、审核的每一份单证、办理的每一起案件中,都能体验到法治力量,感受到公平正义,切实增强人民群众的获得感、幸福感和安全感。

(四) 科技兴关

党的十八大以来,党中央高度重视科技创新,中国要强盛,要复兴,就一定要大力发展科学技术,努力成为世界主要科学中心和创新高地;要坚定不移实施创新驱动发展战略,着力增强自主创新能力。

为完成好新时代赋予海关的职责使命,海关总署党委提出了"五关"建设战略部署,其中"科技兴关"是一个重要方面。近年来,海关科技密集发力,金关工程二期实现了海关各领域信息化全覆盖,基础设施增速提效,发挥了海关在国家建设发展中的关境保护作用;实施全国通关一体化改革,建立了新型的风险防控和税收征管模式;关检业务融合的新一代海关核心通关系统1.0 上线运行,现代化监管装备设备大规模配备应用,在全世界率先使用了利用人工智能技术开发出来的智能审图技术,单兵作业系统有效提高了现场查验效能;检验检疫方面各类实验室 1 300 多个,在打击洋垃圾入境、国门生物安全防控等方面发挥了重要作用;一批科技人才脱颖而出。

当前,全球科技创新密集活跃,正在加速改变着生产和生活方式,也对海关监管模式产生深刻而长远的影响。世界海关组织提出建设数据驱动的"数字海关",各国海关科技创新竞争激烈。我国扩大对外开放,为维护国门安全,对海关科技提出了更高要求;机构改革后,中国海关承担的监管职责更多,监管范围更广,监管链条更长,也更加需要和依赖科技创新。科技兴关,就是面向实现先进的、在国际上最具竞争力的海关监管体制机制目标,面向维护国门安全职责,面向强化监管、优化服务要求,坚持科技创新和制度创新"双轮驱动",充分利用大数据、云计算、物联网、人工智能等新科技,以互联网的思维重构海关业务流程,推动精准监管与智能监管,建立"智能智慧、集约集成"的海关新型监管模式,全力打造智慧海关和创新海关。

(五)从严治关

党的十八大以来,党风廉政建设和反腐败斗争取得了历史性成就,但形势依然复杂严峻。党风廉政建设永远在路上,反腐败斗争永远在路上。中国共产党作为百年大党,要永葆先进性和纯洁性、永葆生机活力,必须一刻不停推进党风廉政建设和反腐败斗争。

国门安全是国家安全的重要屏障。海关作为国内、国际双循环的交汇枢纽,绝不能忽视腐败问题对国门防线的侵蚀。海关总署党委坚定地不移全面从严治党,把"从严治关"作为"五关"建设的重要组成,以全面从严治党的新成效促进海关制度创新和治理能力建设,为落实党中央重大决策部署提供了坚强保证。近年来,海关纪律作风建设走实走深,规范权力运行更加有效,反腐综合效应持续增强,管党、治党责任不断压实。

在取得以上成绩的同时,仍有问题和不足:个别单位落实党中央重大决策部署及总署党委工作要求行动迟缓、措施不力;全面从严治党主体责任还没有完全压实,有的党委责任落实存在堵点、温差,有的纪检监督缺乏担当,不愿较真碰硬;个别党员领导干部自律不严,涉嫌严重违纪、违法;违反中央八项规定精神的问题禁而不止,形式主义、官僚主义问题仍未根治;在惩治腐败的高压态势下,仍然有人心存侥幸,不收敛、不收手;基层一线执法腐败问题时有发生,非执法领域腐败现象突出;等等。

海关深入贯彻全面从严治党方针,从严治关,就是要充分发挥从严治党引领保障作用,把"严"的主基调长期坚持下去,以高质量发展为主题,坚持系统观念,一体化推进不敢腐、不能腐、不想腐,坚持用制度管人管事,不断强化海关全员法治观念和规则意识,建设清廉海关。

二、准军事化纪律部队特色建设

海关作为国家进出境监督管理机关,是重要的行政执法部门,具有部分刑事执法权力,担负着为国家把关、为现代化建设服务的重要使命和艰巨任务,有很强的全国统一性和对外一致性。2003年,国家批准海关人员实行关衔制度,海关队伍成为中国继军队、警察之后第三支实行衔级管理的队伍。这也决定了海关队伍要区别于一般公务员,是一支要求更加严格、管理更加规范、纪律更加严明的公务员队伍。2005年海关总署决定学习借鉴人民解放军革命化、现代化和正规化建设的经验,全面开展准军事化纪律部队建设,内强素质,外树形象,规范管理。

准军事化海关纪律部队建设是具有鲜明时代特点和行业特色的队伍管理模式。近年来,海关队伍突出"内涵学军",深入学习人民军队优良传统和作用,管理更加规范,精神面貌更加振奋,有力促进了海关改革发展各项工作。中央对海关准军事化纪律部队建设给予充分肯定,社会各界也给予好评。海关处在各种利益的矛盾交汇点、对外开放的最前沿、对内改革的第一线,在贯彻全面从严治党、落实全面深化改革等新形势下,加强准军事化纪律部队建设,是推进海关制度创新和治理能力建设、全面履行好海关职责使命的重要保障。新一届海关总署党委为努力建设一支让党和人民放心、经得起各种考验的准军事化纪律部队,在2018年全国海关党的建设会议上,提出了"政治坚定、业务精通、令行禁止、担当奉献"的新内涵要求。①

(一) 政治坚定

听党指挥是准军事化纪律部队的灵魂。海关是中央事权单位和垂直管理系统,推进党的政治建设要站位更高、标准更严、做得更好,筑牢听党指挥、政治坚定的忠诚之魂,确保海关队伍永葆对党绝对忠诚的政治本色。各海关政治理论学习、理想信念教育和新时代爱国主义教育实现制度化和经常化,

---

① 海关总署召开全国海关党的建设工作会议[N/OL].(2018-11-21).http://www.customs.gov.cn/customs/302249/hgzssldzj/302340/xld/tpsp58/2107591/index.html.

建立了例会制度,从而研判形势,研究工作,督促落实,强化执行力,做政治坚定的国门卫士。

(二)业务精通

业务精通既是准军事化海关纪律部队应具备的基本素质,也是履行好把关服务职责的前提和基础。要做到业务精通,必须具备专业素养、树牢法治思维、提高综合能力。总署党委结合机构改革和新海关制度创新和治理能力建设的需要,强化学习理念、抓好大学习,持续加强队伍素质建设,启动海关全面深度融合后的全员大培训,深入开展全员岗位练兵活动和技能比武,大力培养一专多能、胜任多岗位的复合型人才,从难从严练好"内功"。

(三)令行禁止

海关是垂直管理单位,队伍要像人民解放军那样一切行动听指挥,用铁的纪律锤炼队伍,用过硬的作风塑造队伍,使"雷厉风行、令行禁止"成为海关队伍鲜明的特点。要做到令行禁止,既靠教育和自觉,又靠监督和管理。全国海关围绕纪律严明、作风过硬的高标准和严要求,坚持严在日常、管在经常,总署党委带头、全员参与,组织军事化大集训,组织"海关内务规范强化月"活动,对"关容"风纪、工作纪律、会议纪律进行集中整治。真抓实干、马上就办在海关蔚然成风。铁的纪律、好的作风逐渐转化为广大干部的日常习惯和自觉遵循。

(四)担当奉献

海关要在中华民族伟大复兴的进程中展现新气象、新作为,需要全体海关干部的担当奉献。全国海关牢记党的初心和使命,夯实担当奉献的思想基础;弘扬优良传统和职业精神,树牢担当奉献的价值导向;总署党委坚持严管厚爱,健全担当奉献的激励机制。举办高级关衔授衔、重大节日升旗和宪法宣誓仪式,增强队伍仪式感、荣誉感。建立健全繁荣发展海关文化的制度机制,大力培树先进典型,拍摄基层党建和边关风采专题片,评选全国海关先进集体和先进工作者,开展扎根艰苦地区边关荣誉表彰,坚定文化自信,凝聚精神力量。

第四节 未来海关变革的机遇与挑战

进入新时代以来,在党中央坚强领导下,海关事业实现了跨越式发展,各项工作取得进步。尤其是随着党中央推进国家治理现代化,国门口岸管理体制实现革命性变革,机构改革任务圆满完成,海关职责进一步拓展,队伍更加壮大,关检全面深度融合,口岸管理更加集约高效。同时,海关发展还存在一些问题和短板,海关管理体制机制尚不能完全适应全面履职尽责要求,改革的系统性整体性协同性有待加强。根据统筹推进经济建设、政治建设、文化建设、社会建设、生态文明建设的总体布局和协调推进全面建设社会主义现代化国家、全面深化改革、全面依法治国、全面从严治党的战略布局要求,未来以社会主义现代化海关建设为战略牵引,为全面建设社会主义现代化国家贡献海关力量。

一、基本建成社会主义现代化海关的发展目标

党的十九大报告对新时代中国特色社会主义发展作出战略安排,从 2020 年到本世纪中叶可分成两个阶段。第一阶段从 2020 到 2035 年,在全面建成小康社会的基础上,再奋斗 15 年,基本实现社会主义现代化。到那时,我国经济实力、科技实力将大幅跃升,跻身创新型国家前列。人民平等参与、平等发展权利得到充分保障,法治国家、法治政府、法治社会基本建成,各方面制度更加完善,国家治理体系和治理能力现代化基本实现。社会文明程度达到新的高度,国家文化软实力显著增强,中华文化影响更加广泛深入。人民生活更为宽裕,中等收入群体比例明显提高,城乡区域发展差距和居民生活水平差距显著缩小,基本公共服务均等化基本实现,全体人民共同富裕迈出坚实步伐。现代社会治理格局基本形成,社会充满活力又和谐有序。生态环境根本好转,美丽中国目标基本实现。第二阶段从 2035 年到本世纪中叶,在基本实现现代化的基础上,再奋斗 15 年,把我国建成富强民主文明和谐美丽的社会主义现代化强国。到那时,我国物质文明、政治文明、精神文明、社会文明、生态文明将全面提升,实现国家治理体系和治理能力现代化,成为

综合国力和国际影响力领先的国家。全体人民共同富裕基本实现,我国人民将享有更加幸福安康的生活,中华民族将以更加昂扬的姿态屹立于世界民族之林。

锚定 2035 年国家发展远景目标,海关总署在"十四五"海关发展规划方案中提出,海关将持续深化"五关"建设,不断丰富"五关"建设新内涵,全面发挥海关在安全、贸易、税收等方面的职能作用,积极探索具有中国特色社会主义制度优势的新时代海关改革与发展之路,遵循党的全面领导、以人民为中心、坚持新发展理念和系统观念,全面推进社会主义现代化海关建设。到 2035 年,社会主义现代化海关基本建成①。届时,党的政治建设统领作用全面发挥,全国海关一盘棋的垂直管理优势充分彰显,服务大局能力显著增强;海关改革的系统性整体性协同性全面提升,建成与全面建设社会主义现代化国家相适应的海关监管体制机制,改革创新能力显著增强;法治海关建设全面推进,制度创新和治理能力建设现代化水平显著提高,开放监管能力显著增强;科技支撑现代化水平全面提升,建成更高水平的智慧海关,研发应用能力显著增强;准军事化纪律部队建设全面加强,把关服务水平进入世界海关前列,干部队伍建设能力显著增强。

二、关院青年学子为"兴关强国"而努力学习

1840 年鸦片战争以来,中国海关与国家、民族的命运紧密相连。中国共产党自成立之初,就以强烈的使命担当和崇高的理想追求,为实现民族独立和人民解放,坚持不懈地争取收回海关各项主权,筚路蓝缕,奋力初创人民海关,开创中国特色社会主义现代化海关新局面。在党的领导下,一代又一代海关人始终传承海关红色基因,以中华民族伟大复兴为己任,坚决执行党的方针政策,昂扬走在时代的最前列。上海海关学院的发展始终与国家、民族的前途命运紧密相连。自学校创办之日起,就流淌着爱国、忠诚、奉献、进步的红色基因,彰显着为党育人、为国育才的初心。

① 海关总署."十四五"海关发展规划[A/OL].(2021 - 07 - 29).http://www.gov.cn/xinwen/2021 - 07/29/content_5628110.htm.

（一）同挽狂澜建学堂

1908年，为培养中国自己的海关专业人才，以取代外籍海关雇员，清政府在北京成立税务学堂。1913年，北洋政府改税务学堂为税务专门学校。1935年，税务专门学校（以下简称"税专"）迁至上海。这所标志着近代中国走出收回海关主权第一步的学校，就是上海海关学院的前身。她是近代中华民族觉醒的产物，在中国海关教育中具有开创性意义。

税务学堂成立以来，师生就以"同挽狂澜、还我关权"为使命，形成浓厚的爱国氛围与传统。在五四运动等爱国运动中，税专学生始终走在时代前列。在海关工作中，税专毕业生始终牢记关税主权丧失之国耻，利用专业知识，开关税自主运动先声。税务专门学校前后办学40年，毕业生2 700余名，为国家培养了一大批精通商贸、外语、航海、财经等专业的高级人才，还培养了大批爱国者和革命者，为新民主主义革命的胜利贡献了力量。

（二）服务人民创关校

新中国成立后，刘少奇在庆祝中华人民共和国成立以后的第一个五一劳动节讲话时提到，帝国主义已经从中国赶走，帝国主义在中国的许多特权已经被取消，新中国的海关政策与对外贸易政策已经成为保护新中国工业发展的重要工具，我们已把中国大门的钥匙放在自己的袋子里。[①] 在人民海关对于人才的呼唤下，1953年9月，新中国第一所正规海关学校——上海海关学校（以下简称"关校"）创立并开学。"文化大革命"前，关校共培养了9届中专生，共计毕业1 208人。他们的足迹遍布从内地到边疆的各个海关，其中许多人后来成为各级海关的领导干部和业务骨干力量。在红其拉甫海关、漠河海关、大铲海关等工作生活条件异常艰苦的边关，他们不畏缺氧，不畏严寒，不畏孤独，在坚守与战斗中体现出海关人信仰的力量与服务人民的价值。

（三）顺应时代谋发展

改革开放以来，海关与外贸事业对人才的需求不断增大，关校正式复校，

---

① 刘少奇.在庆祝五一劳动节大会上的演说[N].人民日报，1950 - 05 - 01.

并改为大专性质的上海海关专科学校。1996年关校更名为上海海关高等专科学校。2007年6月6日，上海市委书记习近平同志亲临学校揭牌，学校升格为本科性质的上海海关学院（以下简称"关院"），实现了几代海关人的夙愿。

"升本"以来，关院以建设海关特色鲜明、服务国家战略、具有国际影响力的一流高等学府为目标，抢抓机遇，迎难而上，实现了学校发展的历史性突破。2018年5月，关院获批硕士学位授予单位，实现了办学层次的历史性跨越，为学校实现一流目标创造了良好的平台。2019年4月，海关总署与上海市决定共建上海海关学院，为学校发展和服务上海城市建设提供了更加广阔的天地。

从中专到本科，再到硕士学位授予单位的发展中，不变的是一代又一代关院人爱国忠诚的精神底色。在党的领导下，关院毕业生都在不断践行着"致知、力行、慎独、忠诚"的校训，展现着为国把关的责任与担当。"十四五"时期是我国全面建设社会主义现代化国家新征程的开局期，也是世界百年未有之大变局的演进期，国家对外开放的快速发展态势与海关高层次人才供给不足的矛盾日益凸显。作为世界贸易第一大国，我国对海关贸易安全与便利、国门安全与风险防控等职能提出了新的更高要求。社会主义现代化海关建设迫切需要大批海关专业领域高层次人才，亟须加强海关高等教育对高层次人才的培养和输出。

"人生天地间，长路有险夷。"回顾中国共产党百年的非凡奋斗历程，遭遇了诸多艰难险阻，经历了诸多生死考验，但在应对各种困难挑战中，我们党锤炼了不畏强敌、不惧风险、敢于斗争、勇于胜利的风骨和品质，也涌现了一代又一代顽强拼搏、不懈奋斗的中国共产党人，形成了井冈山精神、长征精神、延安精神、西柏坡精神、抗疫精神等伟大精神，构筑起了中国共产党人的精神谱系。我们党之所以历经百年而风华正茂、饱经磨难而生生不息，就是凭着那么一股革命加拼命的强大精神。新时代呼唤新担当，新时代需要新作为。踏上新征程，关院青年学子要继续学习和弘扬伟大革命精神，继承学校爱国明志的优良传统，始终保持艰苦奋斗的昂扬斗志，为兴关强国事业贡献力量。

第二章 突出政治建关

2018 年 7 月 12 日,习近平总书记对中央和国家机关推进党的政治建设作出重要指示强调,中央和国家机关首先是政治机关,必须旗帜鲜明讲政治,坚定不移加强党的全面领导,坚持不懈推进党的政治建设。

海关把守国家大门,具有鲜明的政治属性,只有不断强化政治建关,使队伍在政治上靠得住、过得硬,才能确保海关工作始终保持正确的政治方向。

第一节 政治建设是海关的立关之本

海关系统始终坚持认真落实党中央、国务院决策部署,按照总署党委各项工作要求,持续深化"五关"建设。新冠疫情发生以来,海关系统始终把统筹口岸疫情防控和促外贸稳增长作为最重大的政治任务,担当作为、攻坚克难,经受住了前所未有的考验,守卫了国门安全,保障了疫情防控战的胜利。

一、突出政治建关

(一) 旗帜鲜明讲政治是我们党作为马克思主义政党的根本要求

新时代党的建设总要求是:坚持和加强党的全面领导,坚持党要管党、全面从严治党,以加强党的长期执政能力建设、先进性和纯洁性建设为主线,以党的政治建设为统领,以坚定理想信念宗旨为根基,以调动全党积极性、主动性、创造性为着力点,全面推进党的政治建设、思想建设、组织建设、作风建设、纪律建设,把制度建设贯穿其中,深入推进反腐败斗争,不断提高党的建设质量,把党建设成为始终走在时代前列、人民衷心拥护、勇于自我革命、经得起各种风浪考验、朝气蓬勃的马克思主义执政党。

中国共产党作为马克思主义政党,从不讳言自己的政治主张。党的性质、党的政治主张、党的政治领导地位,决定了党的政治建设至关重要。党的十九大报告首次把政治建设列入党的建设之中,而且提高到"摆在首位""以党的政治建设为统领"的高度。以党的政治建设统领各方,是新时代党的建设和中国特色社会主义建设的根本要求。政治建设始终是党的建设的首要内容。新时代党的建设以政治建设为统领,是坚持党的建设的正确政治方向的根本保证,要求全党上下要进一步增强政治意识、大局意识、核心意识、看齐意识,构建与党的政治建设相适应的制度机制。

党的政治建设是党的根本性建设,决定党的建设方向和效果。政党本质上是特定阶级利益的集中代表者,是有着共同政治纲领、政治路线、政治目标的政治组织。政治属性是政党第一位的属性。政治建设是政党建设的内在要求。只有加强党的政治建设,才能统一全党意志,为实现党的目标和纲领而共同奋斗。党的思想建设、组织建设、作风建设、纪律建设最终必须落实到政治建设上。政治建设抓好了,对党的其他建设可以起到纲举目张的作用。

党的政治建设的基本内容是:保证全党服从中央,坚持党中央权威和集中统一领导,是党的政治建设的首要任务。全党要坚定执行党的政治路线,严格遵守政治纪律和政治规矩,在政治立场、政治方向、政治原则、政治道路上同党中央保持高度一致。要尊崇党章,严格执行新形势下党内政治生活若干准则,增强党内政治生活的政治性、时代性、原则性、战斗性,自觉抵制商品交换原则对党内生活的侵蚀。完善和落实民主集中制的各项制度,坚持民主基础上的集中和集中指导下的民主相结合,既充分发扬民主,又善于集中统一。弘扬忠诚老实、公道正派、实事求是、清正廉洁等价值观,坚决防止和反对个人主义、分散主义、自由主义、本位主义、好人主义,坚决防止和反对宗派主义、圈子文化、码头文化,坚决反对搞两面派、做两面人。全党同志要加强党性锻炼,不断提高政治觉悟和政治能力,把对党忠诚、为党分忧、为党尽职、为民造福作为根本政治担当,永葆共产党人政治本色。

近年来,海关以习近平新时代中国特色社会主义思想为指导,全面推进政治建关、改革强关、依法把关、科技兴关、从严治关,建设中国特色社会主义新海关。建设新海关要构建新体制,对标国际最高标准,打造先进的、在国际上最具竞争力的海关监管体制机制,锻造忠诚干净担当的准军事化纪律部队。

（二）依托基层党组织全面从严治关

在党的建设整体布局中，政治建设被纳入其中并摆在首位，充分明确了全面从严治党的根本性问题，为基层党组织指明了立场方向。习近平总书记在建党100周年大会上的讲话中指出："新的征程上，我们要牢记打铁必须自身硬的道理，增强全面从严治党永远在路上的政治自觉，以党的政治建设为统领，继续推进新时代党的建设新的伟大工程，不断严密党的组织体系，着力建设德才兼备的高素质干部队伍，坚定不移推进党风廉政建设和反腐败斗争，坚决清除一切损害党的先进性和纯洁性的因素，清除一切侵蚀党的健康肌体的病毒，确保党不变质、不变色、不变味，确保党在新时代坚持和发展中国特色社会主义的历史进程中始终成为坚强领导核心。"在领导干部的所有能力中，政治能力是第一位的。政治能力要在政治实践的训练和历练中培养提升，从政治上分析问题看清本质、解决问题抓住根本。党的基层组织是党全部工作和战斗力的基础，党中央一直高度重视基层党组织建设，将其作为一项重点基础工作来抓，重心下移、力量下沉。

中国特色社会主义进入新时代，在开放国门与疫情防控的大背景下，海关把守国门的任务必将越来越艰巨。作为准军事化海关纪律部队，要在改革发展中履行好新时代海关的新使命、新任务，就必须以基层党建为着力点与突破口，下大力气固本强基、凝心聚力，将基层党组织筑成坚强的战斗堡垒，坚决扛起新时代海关责任，推动人民海关事业的建设与发展。

二、对党绝对忠诚是海关工作的首要政治原则

（一）永葆对党绝对忠诚的政治本色

坚持真理、坚守理想，践行初心、担当使命，不怕牺牲、英勇斗争，对党忠诚、不负人民的伟大建党精神，是中国共产党的精神之源。作为新时代中国特色社会主义建设的国门卫士，准军事化海关纪律部队在任何时候、任何情况下都必须永葆对党绝对忠诚的政治本色。海关紧紧围绕"五关"，对标"忠诚、干净、担当"要求，把听党指挥、政治坚定作为准军事化海关纪律部队建设的灵魂，把"马上就办、真抓实干"作为内在文化，把雷厉风行、令行禁止作为

鲜明特点,锻造一支"政治坚定、业务精通、令行禁止、担当奉献"的准军事化海关纪律部队,为建设让党中央放心、让人民群众满意的新时代中国特色社会主义新海关提供坚强保证。

(二)坚定政治立场,坚持正确政治方向

在政治上同党中央保持高度一致,就是要始终保持高度的政治警觉性和政治敏锐性,坚定政治立场,坚持正确政治方向,始终与党中央同心同德,对党中央绝对忠诚,真正做到在政治上信得过、过得硬、靠得住。坚定理想信念,把学习习近平新时代中国特色社会主义思想特别是习近平总书记关于党的政治建设的重要论述作为首要政治任务。讲政治是学习贯彻的首要要求,政治上认识清醒,思想上才能领会到位,行动上才能贯彻到位。政治方向是党生存发展第一位的问题,事关党的前途命运和事业兴衰成败。我们所要坚守的政治方向,就是共产主义远大理想和中国特色社会主义共同理想、"两个一百年"奋斗目标,就是党的基本理论、基本路线、基本方略。加强党的政治建设就是要发挥政治指南针作用,引导全党坚定理想信念、坚定"四个自信",把全党智慧和力量凝聚到新时代坚持和发展中国特色社会主义伟大事业中来;就是要推动全党把坚持正确政治方向贯彻到谋划重大战略、制定重大政策、部署重大任务、推进重大工作的实践中去,坚决纠正偏离和违背党的政治方向的行为,确保党和国家各项事业始终沿着正确政治方向发展;就是要把各级党组织建设成为坚守正确政治方向的坚强战斗堡垒,教育广大党员、干部坚定不移沿着正确政治方向前进。海关作为准军事化纪律部队,在"两个维护"上始终坚定坚决、走在前列;始终坚持将习近平总书记的重要指示批示作为行动号令,态度特别坚决、行动特别迅速、落实特别有力。

第二节　新时代政治建关的新使命和新要求

一、新时代关于党的政治建设的重要论述

自近代政党诞生以来,政党建设就与人类社会的发展息息相关。马克思、恩格斯在对资本主义政党的实质进行批判性揭露的基础上,构建了马克

思主义政党建设理论的内涵框架。马克思主义认为，政党是阶级斗争的产物，"无产者组织成为阶级，从而组织成为政党"①，共产党的近期目标是"使无产阶级形成为阶级，推翻资产阶级的统治，由无产阶级夺取政权"②。共产党自立党之初就代表整个无产阶级的利益，以为人民服务为宗旨，以夺取政权为目标，高度重视自身的组织建设、思想建设、制度建设和纪律建设。

党的建设是新民主主义革命的三大法宝之一。由于客观上近代中国无产阶级力量薄弱，农民和小资产阶级占人口的大多数，中国共产党成立早期，"有许多党员，在组织上入了党，思想上并没有完全入党，甚至完全没有入党"③。党的建设重心在思想建设、组织建设和作风建设方面，要解决的是非工人党员对无产阶级先锋队性质的认同以及马克思主义政党理论与半殖民地半封建社会的基本国情相结合的问题。

改革开放之后，具有长期执政经验的中国共产党基本完成从革命党到执政党的角色转变，邓小平同志提出"从制度上建党"的命题，根据中国特色社会主义建设的要求进一步规范了党的政治建设、思想建设、组织建设和作风建设等。党的十六大把改革和完善党的领导方式和执政方式作为社会主义政治文明建设的一项重要任务提出，并把它确定为全面推进新世纪党的建设的一条总要求。"所谓政党执政方式，指的就是政党控制公共权力的途径、手段和方法。广义地说，执政方式还包括政党控制公共权力的体制和机制，因为说到底，体制和机制是这些途径、手段和方法的系统化、稳定化。"④之后，巩固党的执政方式、提高党的执政能力成为我党建设理论的重要内容。

党的十九大报告指出："中国特色社会主义进入了新时代，这是我国发展新的历史方位。"作为中国特色社会主义事业的领导核心，中国共产党自身的建设以及领导方式、执政方式也必然面临与时俱进的新要求。习近平总书记关于政治建设特别是党的建设的重要论述，是习近平新时代中国特色社会主义思想的核心引领，是马克思主义政党建设理论中国化的最新成果。

---

① 马克思，恩格斯.共产党宣言[M].北京：人民出版社，2014：37.
② 马克思，恩格斯.共产党宣言[M].北京：人民出版社，2014：41.
③ 毛泽东.毛泽东选集[M].北京：人民出版社，1991：875.
④ 王长江，姜跃.现代政党执政方式比较研究[M].上海：上海人民出版社，2002：11.

(一) 强调坚持党对一切工作的领导，巩固确立领导核心地位

纵观世界历史，全国性的大党走向衰败甚至解体，都是由于内部矛盾激化和核心意识涣散；而且这些长期执政的大党走下历史舞台，往往伴随的是国家民族的衰落和人民的苦难。"火车跑得快，全靠车头带"，中国特色社会主义事业的发展最关键就是要牢牢确立并自觉维护党的核心领导地位，全体党员树立政治意识、大局意识、核心意识、看齐意识，心往一处想、劲往一处使，只有这样，才能发挥好全国 9 000 多万党员的力量，让大党充分发挥自身优势，而不是各行其是，变成一盘散沙。

(二) 坚持立党为公、执政为民，践行全心全意为人民服务的根本宗旨

"共产党人不是同其他工人政党相对立的特殊政党，他们没有任何同整个无产阶级的利益不同的利益"①，"以人民为中心"是共产党从立党之初就树立的信念，也是社会主义事业不断发展的动力源泉。党的十九大报告指出："人民是历史的创造者，是决定党和国家前途命运的根本力量。……把党的群众路线贯彻到治国理政全部活动之中，把人民对美好生活的向往作为奋斗目标，依靠人民创造历史伟业。"作为执政党，中国共产党对社会主要矛盾判断的转变以及据此所做的"五位一体"总体布局和"四个全面"战略布局，归根到底是为了在新时代矢志不渝地继续践行"为中国人民谋幸福、为中华民族谋复兴"的初心和使命。习近平总书记在回答"罗马之问"时，深情表示"我将无我，不负人民"。这体现了党的最高领导人的人民情怀，也是全体党员的行动宗旨。

(三) 坚持全面从严治党

"坚持党要管党、全面从严治党"是新时代党的建设的根本方针。党的十九大报告中指出的"把党建设成为始终走在时代前列、人民衷心拥护、勇于自我革命、经得起各种风浪考验、朝气蓬勃的马克思主义执政党"，是新时代党的建设目标。报告首次提出"把党的政治建设摆在首位"，要求"思想建党和

---

① 马克思,恩格斯.共产党宣言[M].北京:人民出版社,2014:41.

制度治党同向发力,统筹推进党的各项建设"。习近平总书记指出:"政治问题,任何时候都是根本性的大问题。全面从严治党,必须注重政治上的要求,必须严明政治纪律,特别是各级领导干部要时刻绷紧政治纪律这根弦,坚持党的领导不动摇,贯彻党的路线方针政策不含糊,始终做政治上的明白人。"①面对党执政环境的新变化,党中央不仅创造性地提出了必须把党的政治建设摆在首位,营造风清气正的政治生态,而且在这一基础上强调全面从严治党永远在路上,不能有松口气、歇歇脚的想法,同时要抓好党的思想建设、组织建设、制度建设、纪律建设和反腐败斗争。这表明党的建设理论根据新时代的发展要求进一步丰富、完善,并走向系统化、科学化,实现了重大的创新突破。

二、全面加强和改进海关党的建设

(一)全面加强和改进海关党的建设工作总体思路

海关总署提出全面加强和改进海关党的建设工作总体思路:以习近平新时代中国特色社会主义思想和党的十九大精神为指导,围绕新时代党的建设总要求,贯彻新时代党的组织路线,以政治建设为统领,以基层党建为重点,以海关三级党委设立为契机,全面加强海关党的政治建设、思想建设、组织建设、作风建设、纪律建设,把制度建设贯穿其中,深入推进反腐败斗争,为全面推进政治建关、改革强关、依法把关、科技兴关、从严治关,建设新时代中国特色社会主义新海关提供坚强政治保证。

海关作为政治机关,必须把旗帜鲜明讲政治作为第一要求,把讲忠诚作为第一标准,不断提高政治判断力、政治领悟力、政治执行力。一要持续深化理论武装。把学习贯彻习近平新时代中国特色社会主义思想作为长期政治任务,同学习党史、新中国史、改革开放史、社会主义发展史贯通起来,增强干部职工拥戴核心、维护核心的政治自觉和思想自觉。严格落实意识形态工作责任制,抓好理论学习,原原本本学习、逐条逐段领悟,在学懂弄通做实上走在前、做表率。二要增强"两个维护"行动自觉。自觉把"两个维护"作为最高

---

① 习近平.在第十八届中央纪律检查委员会第六次全体会议上的讲话[M].北京:人民出版社,2016:19.

政治原则和政治规矩,时刻关注党中央强调什么、要求什么,自觉对标对表。建立落实效果评估、督查检查机制,扭紧学习、传达、督促、落实的闭环链条。强化政治监督,毫不放松抓好常态化疫情防控和各项重点工作,确保党中央决策部署迅速落实落细。三要不断提高政治执行力。健全"总署—直属关—隶属关"的党委运行体制,"织牢"上下贯通、执行有力的组织体系,着力提高把握新发展阶段、贯彻新发展理念、构建新发展格局的政治能力、战略眼光、专业水平。加强监督检查,督促国内国际"双循环"、深化供给侧结构性改革、筑牢国家安全屏障等重大决策部署要求落实落地。大力推进清廉海关建设,营造良好口岸营商环境,涵养风清气正良好政治生态持续向好,以强有力的政治监督保障海关"十四五"规划开好局、起好步。

(二) 以党的建设引领海关事业发展

面向新时代,建设新海关,必须保持强烈的政治担当、责任担当和使命担当,坚定不移地全面加强海关党建工作,以党的建设引领海关事业发展。抓好海关党的建设,必须深入学习领会习近平总书记重要讲话和重要指示批示精神,不断提高政治站位,切实强化抓好党建工作的政治自觉和政治担当;必须深入学习贯彻中央关于党的建设一系列重大部署,结合海关实际,明确当前和今后一个时期党建工作的总体思路,研究制定全面推进海关党的建设一揽子制度措施;必须认真履行全面从严治党主体责任,以更加坚决的态度、更加务实的作风、更加有力的行动抓好落实,推动海关系统党的建设取得新成效、再上新台阶。

党建工作要抓住责任制这个"牛鼻子",形成工作合力,把各项工作抓具体、抓深入、抓出成效。各级海关把提高党的建设质量纳入总体工作部署,与中心工作同谋划、同安排、同检查、同落实。强化党组织书记的第一责任人责任、班子成员的"一岗双责",书记亲自抓、负总责,既要精通业务,更要做党建工作能手,调动干部职工积极性、齐心共建,把各项工作要求落到实处。坚持机关带动与基层联动相结合,注重发挥领导干部和机关部门的示范作用,抓领导带机关、抓机关带基层,一级做给一级看,一级带着一级干。机关围绕创建"让党中央放心、让人民群众满意的模范机关",按照"讲政治、守纪律、负责任、有效率"的要求,不断强化政治机关意识,严守纪律规矩,主动担当作为,提高机关效能。按照党建责任清单、主体责任清单安排,把管党、治党责任一级一级压紧压实,形成压力传导渠道,成为长效机制,确保中央各项决策部署落地落实。

建立科学有效的党建工作责任体系,目标是建立全面清晰、系统完备的闭合链条,核心是科学有效、衔接有序。首先要明确责任界限,可以通过"清单"等形式,既明确责任主体,重点明确第一责任、主体责任、分管责任、落实责任,又从不同职责领域、不同层级、不同岗位明确具体责任内容,细化责任机制,源头解决"责任不明"问题。其次要健全责任传导机制,要强化基层党建工作的责任体系,实行分级负责,层层分解确保党的工作有人抓、问题有人管、责任有人担,一级抓一级,形成上下联动、以上率下、以下促上的党建工作良好态势。再次要完善责任考核评价机制,建立健全党建工作责任项目考核评价标准,通过述职评议等途径验证责任落实,并与干部选拔任用、奖惩相结合,最终构建起党组织领导带头抓党建,行政领导重视抓党建,党务工作者自觉主动抓党建,从上到下层层抓党建的局面。

上海海关某隶属海关近年来探索构建了 4 个层级推动党建业务"双融合""双促进"的制度体系。党建和业务发展从来都不是背道而驰,而是相向而行的。该海关深植这一观念,抓牢党建促业务、抓好融合促发展,4 个层面深入推进党建和业务深度融合。党组强化抓党建的主责主业意识,坚持把党的建设纳入党组重要议事日程,定期听取党建工作汇报,加强党建工作规划。在部署重大改革时,同步研究党建工作配套措施。机关党建业务协同部署,在推进改革攻坚的过程中,指导各支部结合自身职能梳理责任风险、建立支部工作响应机制、创新"机关党委先行先做、支部集中落实、党员带动群众"三步工作法,统筹推进。支部班子党建业务同落实,建立"月初计划、月中督办、月底检查"的"三碰头"工作制度,集思广益研讨和谋划当月党建与业务各项重点工作,并及时进行督查督办,确保落实到位。普通党员在重点工作任务中冲锋在前,党员示范岗发挥榜样示范引领作用,党员突击队在各项改革急难险重任务中带头担当,为中心工作提供保障、作出贡献。

在管党治党责任的落实方面,要发挥各地海关党委主体责任、纪检组监督责任、党委书记第一责任、班子成员"一岗双责"等"四责协同"机制作用,党委牵头抓总,每半年研究一次全面从严治党工作。党委纪检组履行协助党委推进全面从严治党职责,把检查主体责任落实情况作为监督执纪重点,抓好问责追责。直属海关党委书记、关长和各隶属海关主要负责人履行好第一责任人职责,抓好党委部署工作的组织实施,做好引领和督促,及时传导责任。直属海关党委委员和隶属海关领导班子成员履行好"一岗双责"职责,抓好分管领域全面从严治党工作,管好"责任田"。职能部门按照各自职责落实好全面从严治党工作部署。

各地各级海关党组织在探索党建与业务结合机制的过程中,对于党委职责制度化和党建标准规范化等方面取得了一定的成果。党建标准化规范化是指导和落实党的建设的一套目标、制度、流程、载体、方法。某海关积极落实新时代党的建设总要求,为履行全面从严治党责任,提高党的建设质量,制定了党委工作规则,明确了党委责任清单。具体包括:一是把党的政治建设摆在首位,增强"四个意识",坚定"四个自信",做到"两个维护",提高政治站位,彰显政治属性,强化政治引领,切实增强政治能力,始终在政治立场、政治方向、政治原则、政治道路上同党中央保持高度一致;二是强化理论武装,组织学习习近平新时代中国特色社会主义思想,推进"两学一做"学习教育常态化制度化,把不忘初心、牢记使命作为加强党的建设的永恒课题和全体党员干部的终身课题,引导党员、干部坚定理想信念宗旨,自觉加强党性锻炼,做忠诚国门卫士;三是落实意识形态工作责任制,确保业务工作体现意识形态工作要求、维护意识形态安全;四是根据总署党委授权负责审批隶属海关单位党委的设立、变更和撤销;五是按照党管干部、党管人才原则,加强高素质专业干部队伍建设,做好人才工作;六是加强党的基层组织建设和党员队伍建设,讨论和决定基层党组织设置调整和发展党员、处分党员等重要事项,对海关缉私部门党建工作进行指导;七是加强和改进作风,密切联系群众,严格落实中央八项规定精神,坚决反对"四风",特别是形式主义、官僚主义;八是加强党的纪律建设,履行党风廉政建设主体责任,支持纪检监察机关履行监督责任;九是推进建章立制,建立健全体现党中央要求、符合海关特点、比较完备、务实管用的党建工作制度,并抓好落实。海关党委书记认真履行抓党建第一责任人职责,其他党委委员按照"一岗双责"要求抓好职责范围内党的建设工作。

（三）加强海关基层党组织建设

围绕新时代党的建设总要求，扎实推动全面从严治党向纵深发展、向基层延伸。一是要以党的政治建设为统领，在政治立场、政治方向、政治原则、政治道路上同党中央保持高度一致，打造一支政治坚强的准军事化纪律部队；二是要建设高素质专业化干部队伍，坚持正确选人用人导向，突出政治标准，改进干部考察方式，营造风清气正的政治环境，切实增强干部队伍适应新时代要求的能力；三是要加强基层组织建设，以提升基层组织力为重点，切实解决海关党建"上热中温下冷"的问题，进一步激发基层党组织的创造力、凝聚力和战斗力。

加强基层党组织自身建设是党的建设中的重大问题，党的十九大报告中突出强调了"要把基层党组织建设成为宣传党的主张、贯彻党的决定、领导基层治理、团结动员群众、推动改革发展的坚强战斗堡垒"。如何充分发挥基层党组织的政治引领力和凝聚力，增强基层党组织的民意汇集力和回应力，将其落实为全心全意为人民服务的坚定行动，基层海关要真正做到执法为民，需要进一步健全基层组织体系，拓展学习教育内容，加强工作作风转变。

构建党建工作整体格局，一要围绕发展抓党建，在加强队伍建设、促进改革发展、推进重点项目、繁荣群众文化等各方面融入党的建设，积极发挥作用，以党建为引领提供强大组织基础和精神动力；二要聚焦问题抓党建，要紧贴当前实际，以"直面问题—剖析问题—解决问题"的思路明确加强党建的主攻方向，带动全局发展；三要与时俱进抓党建，坚持务实作风，解放思想、创新思路，与时代同步前进激发党建活力、增强跨越动力、凝聚发展合力。

加强基层党建，必须进一步健康党内政治文化，在强化价值引领上下功夫。要传承弘扬海关价值理念，持续强化对海关职业意识、海关职业道德、海关精神、海关核心价值观的宣传教育，对"为祖国把关，为国家争光，对人民负责"的新时期的海关职业意识，"忠诚公正，兴关强国"的海关精神，"爱国、厚德、增信、创新、奉献"的海关核心价值观，"政治坚定、业务精通、令行禁止、担当奉献"的准军事化纪律、部队要求等内化于心、外化于行，不断激发继续前进的精神力量。

基层党内政治文化，是在基层长期工作实践之中，广大党员干部和群众自然或被动养成的思想观念、道德品质、思维方式、价值标准等。从内在来说,政治文化是强信心、聚民心、暖人心、筑同心的力量,激励和鼓舞基层党员干部共同为改革发展的使命奋斗;从外在而言,政治文化是体现干部素质、服务水平的对外形象,展现整体精神风貌。

忠诚、奉献、创新、高效、廉洁、卓越等均可以是基层党内政治文化的内涵要素。培养具有强大凝聚力和引领力的基层党内文化,首先要紧扣中国特色社会主义文化,把坚定"四个自信"作为关键,宣传好社会主义现代化的辉煌成就,讲清楚背后的理论逻辑、制度原因,推动习近平新时代中国特色社会主义思想深入人心。在此基础上,可以结合新形势、新任务提炼和宣传符合基层党组织自身实际需求的文化建设新内容、新内涵、新形式、新方法,使基层党内政治文化充满生机和活力,让宝贵精神财富代代传承。

基层党组织的基本制度以党章为根本依据,内容广泛,涵盖党员教育管理、支部建设的方方面面。如"三会一课"制度,是加强党的自身建设最基本的制度,是健全党的组织生活、严格党员管理、加强党员教育最为重要和平常的制度;有党的民主生活会和组织生活会制度,通过征求意见、查摆问题、谈心交心、批评与自我批评等步骤,让党员干部自觉置身于党组织的严格管理和监督之中;民主评议党员制度,通过考核检查和评价等组织措施,达到激励党员、纯洁组织、提高党员素质的重要作用;另外,主题党日制度、党员定期向党组织汇报思想和工作制度、党费收缴制度、党籍管理制度等各项党员教育管理制度,都是基层党组织制度建设的重要构成部分,共同形成相互交织的制度管理网络。这些制度体现着长期以来党领导工作和党内生活经验教训的总结和概括,有着重要的指导、规范作用。

党的建设历来是围绕党的政治路线来开展,并为实现党的中心任务而服务的。对于作为贯彻落实党的路线、方针、政策主要阵地的基层党组织而言,全党的中心工作是经济建设,是奋力开拓中国特色社会主义更为广阔的发展前景;自身的中心工作是抓好业务建设,推动促进改革发展,因而党建与业务是决不能分离的。在实际操作中,大部分基层党组织已经有了清醒正确的认知,但的确仍存在部分错误思想。例如"务虚论",认为党建是务虚、业务是务实;还有"替代论",认为业务工作和队伍建设可以部分替代党建工作。但实际上,党建与业务是相辅相成、相互促进、缺一不可的。破解基层党建业务

"两张皮"的问题,一方面要把党建与业务工作一起谋划、一起部署、一起落实、一起考核,要把能否完成本单位各项任务、推动改革发展、促进社会和谐等,作为评价基层党组织建设成效的主要标准;另一方面要找准党建与业务的结合点,在组织设置上结合、在重点工作任务上结合、在开展活动上结合等,找准方向,进一步助推党建与业务一体推进、深入融合。各地海关把党建工作嵌入中心工作之中,做到中心工作部署到哪里,党建工作就统领到哪里,党支部战斗堡垒作用和党员先锋模范作用就发挥到哪里,不断增强围绕中心的深度、建好队伍的温度、推动工作的力度。

第三节　强化政治建设统领作用的实践成效

一、不断强化政治建关

经中央批准,海关设立了三级党委。这是对海关党的领导特别是政治领导的有力加强,这有利于各级党委提高政治站位,从全局高度领会中央精神、认识海关工作,把握好海关改革发展的正确方向;有利于提升政治能力,从政治上分析问题、解决问题、推动工作;有利于强化政治责任,以强有力的政治领导,统一党员干部思想,凝聚建设新时代中国特色社会主义新海关的磅礴力量。

例如,某海关党委不断压实党建的政治责任制,强化"第一责任人"意识,坚持"书记抓、抓书记",全面落实党建工作责任制,深化"强基提质工程""四强"支部建设,努力把政治工作8小时之内的管理与8小时以外的管理贯通起来,把工作圈管理和社交圈管理衔接起来,把行为管理与思想管理统一起来,知行合一、以知促行,要求各级党员干部从政治上吃透精神,真知、真懂,从政治上担当作为、狠抓落实,不断增强政治判断力、政治领悟力、政治执行力,以严格的纪律约束确保政治上"不跑偏""不走样"。

要实现"十四五"规划和2035年远景目标,必须坚持党的全面领导,贯彻党把方向、谋大局、定政策、促改革的要求,充分调动一切积极因素,形成推动发展的强大合力。立足新发展阶段、贯彻新发展理念、构建新发展格局,必须加强党的全面领导,善于用政治眼光观察和分析经济社会问题,真抓实干把党中央决策部署贯彻到经济工作各方面。要始终做到不忘初心、牢记使命，把党和人民事业长长久久推进下去，就必须增强政治意识，善于从政治上看问题，善于把握政治大局，不断提高政治判断力、政治领悟力、政治执行力。要突出抓基层、强基础、固基本的工作导向，推动各类资源向基层下沉，为基层干事创业创造更好的条件。习近平新时代中国特色社会主义思想为海关系统加强政治建设、更好地贯彻全面从严治党战略布局提供了重要遵循、理论指导和行动指南；为学会从政治上观察和处理问题，使讲政治的要求从外部要求转化为内在主动，指明了方向、明确了目标、指出了方法和路径；为研究谋划全局性、系统性、长远性工作，奠定了系统思维、政治逻辑和哲学原理的基础。

"十四五"时期是我国乘势而上开启全面建设社会主义现代化国家新征程、向第二个百年奋斗目标进军的第一个五年。海关系统从全局和战略高度准确把握工作面临的新形势、新任务，坚持系统观念，加强党的全面领导，坚定不移地强化政治统领，统筹发展和安全，加大改革创新力度，强化监管优化服务，科学谋划"十四五"工作，以更好地促进高质量发展、高水平开放。

二、以政治统领应对风险挑战

面对突如其来的新冠疫情和前所未有的风险挑战，各地海关始终把统筹口岸疫情防控和促进外贸稳增长作为疫情期间最重大的政治任务，倾尽全力坚决做好各项工作。一是深入学习贯彻习近平新时代中国特色社会主义思想。组织好党委中心组学习，优化常态化学习机制，不断提升各级领导干部的政治判断力、政治领悟力、政治执行力，抓好习近平新时代中国特色社会主义思想的学习宣传贯彻，分层级开展专题培训。二是坚决贯彻落实习近平总书记重要指示批示精神。坚持狠抓落实，走好"两个维护"第一方阵，慎终如始，毫不放松做好口岸疫情防控工作，主动融入新发展格局，采取更大力度、更有针对性的措施，全力以赴促进外贸稳增长。三是加强政治机关建设。严格落实民主集中制和党委工作规则，着力提升海关党委班子领导能力，持续推进政治机关意识教育，全面落实意识形态工作责任制，深化模范机关创建。

　　例如,某海关统筹"战疫情"和"稳外贸",党委靠前指挥。2020年指挥部30次进行会议专题研究,关领导206次带队,亲临一线,确保疫情防控工作做实、做细、做到位。出台"1+N"专项方案,一对一解决企业问题,助力复工复产达产;持续强化监管优化服务,机场货运、跨境电商等特色业务均保持快速增长;充分发挥海关职能作用,推动海关特殊监管区域优化整合。严格口岸卫生检疫。2020年全年共检疫监管进出境航班8818架次、人员130308人次,累计发现有症状人员1124人次。加强进口商品风险监测,全年检测进口冷链商品及包装、集装箱等新冠肺炎样本2456个。全力做好促进外贸稳增长,减税降费、减证便民,为161家企事业单位减免税款4.05亿元,减免滞纳金488万元、滞报金155.14万元。全面清理和整改检验检疫环节收费,为企业群众减负260.5万元。五项改革创新稳步实施,"两步申报"应用率为37.49%。出台细化"1+8"系列专项方案、125项具体措施,助力企业复产达产。通过季度督办、综合性检查、常规巡察等,有力推动35项全面从严治党主体责任清单,55项全面从严治党年度任务分解和63项"三级四岗"党建责任清单落实落细。党委三次专题分析研判全面从严治党、党风廉政和反腐败工作,及时督促班子成员履行"一岗双责"。做好党建工作,持续深化党建品牌创建活动,基层党支部实现"一支部一品牌、一品牌一特色"。重视加强基层党组织建设,严格落实《中共海关总署委员会关于加强海关基层党支部建设的意见》要求,按照"三级四岗"责任清单,继续推动"支部建在科上",努力实现"支部强在科上"。健全党建制度机制,统筹党委委员执法一线科室和基层党支部联系点,巩固深化"强基提质工程",抓好"四强"支部建设,深化党建品牌创建,提升党建标准化规范化水平。推进党建与业务深度融合,着力破解"两张皮"问题。加强机关、事业单位党建工作分类指导,组织开展基层党建实训,推动基层党组织全面进步。建立完善党委委员基层支部联系点制度,全面推进基层党建品牌创建。大力实施基层党建"强基提质"工程,推动支部工作标准化、规范化,确保基层党支部全部建成合格支部。运用"互联网+党建",推广"智慧党建"。扎实开展党委巡察工作,落实《中共海关总署委员会关于直属海关党委开展巡察工作的指导意见》要求,聚焦落实管党治党政治责任,紧扣"四个落实",紧盯重点人、重点事和重点问题,认真组织常规巡察,灵活开展专项巡察,及时开展"回头看"。发挥巡察利剑作用,加强政治体检,着力发现解决"两个维护"、党建、群众身边腐败和作风方面等问题,强化巡察成果运用,加强问题线索处置,并抓好整改落实。在防控一线开展"比忠诚、比学习、比担当、比作风、比实绩、争当战'疫'先锋""五比一争"活动,146 名党员干部递交书面请战书,13 批 319 名党员干部支援航空、邮政口岸人员检疫和货物通关,完成重点难点任务 1 000 余项。6 个基层党组织获评全国海关基层党建示范品牌和培育品牌,2 个集体、13 名个人获评全国海关系统抗击新冠肺炎疫情先进集体、先进个人。

第四节　践行使命担当

一、打造一支忠诚干净担当的高素质干部队伍

(一)始终把提升政治能力放在首位

党的十九大明确提出要建设高素质专业化干部队伍。高素质专业化,首先是高素质。高素质,第一位是政治素质要高;专业化,是政治过硬、具有领导能力的专业化。我们培养干部,首要的是提升政治素养、政治能力,同时提高专业能力、弘扬专业精神。对照党中央的要求和新海关面临的发展机遇,海关队伍的政治素养和专业化水平在整体上还需要进一步提高,队伍的思想、工作、作风需要进一步加强。比如,有的思想不解放,面对新形势新任务,习惯于老经验、旧思路,缺少战胜困难、解决问题的担当和勇气;有的本领不够强,面对新要求新课题,新办法不会用,老办法不管用,硬办法不敢用,软办法不顶用;有的作风不够硬,面对新时代新目标,缺少干事创业的激情,办事拖拉、效能低下,跟不上新海关建设形势发展的要求。要解决这些问题,必须进一步牢固增强"四个意识",坚定"四个自信",把"五关"建设的要求落实到海关工作的全过程;全面提升专业知识和技能,增强履职尽责本领,适应履行新海关新职责的要求;坚持马上就办、真抓实干,锻造素质高强、形象优良、作风硬朗的准军事化纪律部队。

打造一支忠诚干净担当的高素质干部队伍,要始终把提升政治能力放在首位,深入学习贯彻习近平新时代中国特色社会主义思想,突出政治建关,确保绝对忠诚,引导干部队伍牢固树立"四个意识"。在持续推进落实干部工作

过程中,要突出政治标准,科学精准考察识别干部,选优配强各级领导班子。各地海关根据实际工作情况探索建立绩效考核机制,着力解决层级温差和压力递减问题。加快培养选拔优秀年轻干部,加强执法一线科长队伍建设。严格领导干部日常监督,切实提高干部个人事项如实报告率。优化干部交流机制。发挥职级职数激励作用,落实海关专家制度,稳步实施海关专业技术类公务员分类管理。有序开展事业单位岗位设置管理,完善事业单位绩效考核。加快推进人才库建设,完善工作专班机制,加强专业人力资源调配,统筹使用有资质的专业人员。

　　某海关经过多年探索,在干部队伍建设方面积累了行之有效的经验。一是精准考核识别干部。充分发挥平时考核、年度考核、专项考核"三位一体"考核机制的作用,尤其注重考核结果与选拔任用、培养教育、管理监督、激励约束、追责问责等工作结合。加强平时考核结果运用,与年度考核、专项考核、一线考核相互印证,切实发挥考核指挥棒作用。把各类考核结果作为新提任的领导干部任职试用期满、新录用公务员试用期满考核的重要依据。在干部职务晋升、交流轮岗、评先推优等工作中,同等情况下优先考虑考核优秀的干部。在安排理论学习、业务培训上给予适度倾斜,有针对性地加强培养。对考核结果差的,研究分析存在的问题,进行补课培训,帮助其尽快提高。对不能胜任岗位要求的,及时进行岗位调整。二是防范选人用人不正之风。认真贯彻落实《党政领导干部选拔任用工作条例》,严格落实好干部标准,树立鲜明的选人用人导向,强化政治标准和政治要求。严格干部考察程序,扎实落实审核干部人事档案、查核个人有关事项报告、听取纪检监察机关意见、核查信访举报情况结论等具体步骤和有关要求,做好党风廉政意见回复工作,严把政治关、品行关、作风关、廉洁关,严防干部"带病提拔"。三是突出"关键少数",从严管理监督干部队伍。建立健全各级党组织工作规则、议事规则和决策机制,坚持"三重一大"会议集体研究决策制度,严格落实"一把手"不直接分管人、财、物及重大工程建设项目要求。认真落实领导干部报告个人有关事项制度,做好干部个人有关事项报告的随机抽查和重点抽查工作,规范领导干部配偶、子女及其配偶从业行为。定期开展干部因私出国(境)专项检查,做好干部在企业或社团兼职清理和"裸官"治理工作。认真组织开展领导干部离任、任中经济责任审计。完善领导干部廉政档案,优先分析甄别、处置办理涉及反映"一把手"的问题线索。四是加强执法一线科长队伍监督。认真落实《海关总署关于加强执法一线科长队伍建设的指导意见》,选拔使用好、管理监督好执法一线科长,发挥其带队伍、抓管理、防风险、作示范的作用。加大执法一线科长队伍培训力度,强化政治理论和业务知识学习教育,制定干部教育培训和人才发展规划,继续依托国家高等重点院校,持续开展"送教下基层"。总结推广基层科室党支部在教育管理党员、防控廉政风险方面的典型经验,切实发挥支部教育管理监督党员作用。五是深入推进准军事化纪律部队建设。围绕"政治坚定、业务精通、令行禁止、担当奉献"的要求,强化垂直领导意识,塑造海关队伍令行禁止、雷厉风行的优良作风。持续推进内务规范管理,强化纪律作风整顿,把从严治党、从严治关落实到每一个支部、每一名党员。加强一线窗口作风建设,落实海关政务服务系统建设要求,采取定期视频检查、明察暗访等形式,进一步加强对基层一线窗口单位政风、行风建设检查指导力度,纠治推诿扯皮、吃拿卡要等行为。组织内务规范强化月,常态化开展视频监督检查,加强升国旗、宪法宣誓等仪式教育,持续纠治酒驾醉驾,强化纪律作风养成。组织专项业务练兵比武,加大各业务条线一线岗位资质培训力度,拓展实训基地建设。六是注重精神文明建设。高标准推进文明单位、青年文明号创建,加强和改进思想政治工作,弘扬伟大抗疫精神,培育特色文化,发挥群团组织作用,激发队伍活力。重视工会、老干部及学会工作,积极提升职工福利待遇,持续推进民生实事。

(二) 抓好基层党组织带头人队伍建设

队伍建设的核心在于坚持和发挥党的领导作用,基层党组织带头人队伍的建设是整体干部队伍建设的"牛鼻子"。党的十九大报告指出,要加强基层党组织带头人队伍建设,着力解决一些基层党组织弱化、虚化、边缘化问题。随着全面从严治党的不断深入,大多数基层党组织开始重视优选领导干部和党务干部、注重培养个人能力,但如何"配强"更是基础性的问题,成功的"配套"是让领导班子的整体功能大于个体之和,五个指头有长有短才能形成拳头,否则必然是"指头硬、拳头软"。科学配置的领导班子应该是群体互补的,既相互联系、相互依赖又相互制约。具体来说既包括领导职务、年龄、学历等刚性要素的机械配置,也包括专业、能力、性格、兴趣等综合要素的有机调配。

一个好的领导班子既要有"千里马"，思维敏捷，视野开阔，善于出思路、想大事，也要有"老黄牛"，作风朴实，踏实肯干，善于抓实干、保落实；既要有"爆破手"，雷厉风行，具有决断力和进取心，也要有"检修员"，老成持重，工作和风细雨填补缝隙；既要有"外交官"，擅长交往、协调各方关系，也要有"内务总管"，擅长管理，内部建设井然有序。只有这样才能静有其位，动有其规，各得其所，各显其能，真正成为一个坚强有力、团结实干的基层党组织领导班子。

基层党支部的支部书记是"班长"，是支委会的带头人，是支部日常工作的主要负责人。只有一个好的支部书记才能带出一个好的班子，一个好的班子才能带出一支好的队伍，一支好的队伍才能创造性地开展工作。新时代海关的建设要求给基层党支部的支部书记提出了更高的标准和更大的挑战，政治觉悟、组织观念、理论水平、品德操守、事业心和责任感等综合素质都是支部书记所应该具备的基本条件。在此基础上，新时代支部书记更要懂得顺应时势掌握开展支部工作的新方法，要走出用老眼光看问题、用老经验判断形势、用老方法处理问题的舒适区，解放思想、大胆探索、勇于创新，在实践中不断丰富和完善工作方法；要不断总结，善于提升，在解决各种各样不同问题的过程中，把工作中大量零散的做法，经过"去粗存精、去伪存真、由此及彼、由表及里"，提炼为具有一般性、规律性的正确结论和经验，推动基层党支部建设效能提升。

在选好"班长"、带好队伍的基础上，高素质的干部队伍的形成离不开每一位党员干部良好道德修养的培育。党中央始终强调要建设一支德才兼备、以德为先的高素质干部队伍。基层党组织加强道德建设，一要切实加强社会主义核心价值观教育。社会主义核心价值观集中体现了当代中国精神，凝结了全体人民共同的价值追求。必须将其作为凝魂聚气、强基固本的基础工程，广泛开展宣传教育，不断夯实思想道德基础。二要从传统文化中汲取营养。不忘本才能开辟未来，善于继承才能更好创新，要在吸收传承传统文化思想精华和道德精髓的基础上，做好创新性转化和发展，使之与现实文化相通相融。三要在实践中加强德行修养，增强崇德向善的力量。党员干部的道德建设绝不仅仅是独善其身，更要以点带面、持续延伸，抓好家风建设，让党内政治文化融入家庭。家风是作风的臂膀，家风浩然敦厚，才有作风严实、清廉，家风正才能作风正、律己严、行得正。领导干部更应当从家庭做起，以家风建设助力作风涵养，锤炼个人品德、书写家庭美德、遵守职业道德、弘扬社会公德。

二、践行时代新人的使命担当

一名党员一面旗,只有发挥好党员的先锋模范作用,中国特色社会主义事业才能稳步推向前进。这也是新时代共产党员的使命担当。党员是我们党的组织细胞,多年来党能够历经磨难而不衰、千锤百炼更坚强,重要的原因之一就是始终抓住党员队伍的先进性建设。基层党组织融于社会,与群众靠得最近,一名党员就是一面光荣的旗帜。一方面,党员关乎党的组织形象在基层的树立和组织权威在群众中的夯实。群众通过党员的一言一行判断党的方针、路线、政策是否正确。另一方面,党员的一举一动直接影响带动身边的群众。优秀党员起着教育群众、团结群众的作用,使党更具号召力和凝聚力,带动群众共同学习优秀榜样为党的事业奋斗终身。因而党员必须精准站位,充分发挥联系群众最广泛、最直接的工作优势,在深入学习领会党的理论知识、政策方针上做表率,在围绕中心、服务大局、兢兢业业履职尽责上做表率,既向群众全面宣传好党的理论精髓,又以实际行动传递社会正能量。

海关各级党员干部作为海关事业的中坚力量,在履行时代新人的使命担当时要不忘初心、牢记使命,不断增强政治定力,对党忠诚、为党分忧、为党尽职,完成好新时代赋予的职责。

(一)要牢固树立"四个意识",忠贞不渝跟党走

"政治意识、大局意识、核心意识、看齐意识",首要是政治意识。讲政治是马克思主义政党的突出特点和优势,也是共产党人的立身之本。海关既是政治机关,也是业务机关,但首先是政治机关。政治建关居于首要地位,"两个维护"是海关各级党员干部第一位的政治要求,在思想上、政治上、行动上要同以习近平同志为核心的党中央保持高度一致。对党忠诚是海关选任干部的首要标准。党员干部时刻绷紧政治纪律这根弦,做政治上的明白人,既要带头严格遵守政治纪律和政治规矩,又要发扬斗争精神,及时发现纠正违反政治纪律和政治规矩的苗头性倾向性问题,要在行动上自觉紧跟核心。检验一名党员干部是否忠诚可靠,关键看能否坚决贯彻落实党中央决策部署。

任何时候都必须不折不扣执行以习近平同志为核心的党中央决策部署,马上就办、真抓实干,坚决做到党中央提倡的坚决响应,党中央决定的坚定执行,党中央禁止的坚决不做。

(二) 要坚定理想,坚持学习,自觉用马克思主义中国化的最新成果武装头脑

人无精神不立,国无精神不强。坚定理想信念,坚守共产党人精神追求,始终是共产党人安身立命的根本。理想信念动摇是最危险的动摇,理想信念滑坡是最危险的滑坡。新时代要不忘初心、牢记使命,就必须深入学习贯彻习近平新时代中国特色社会主义思想,自觉用马克思主义中国化的最新成果武装头脑、指导实践,以马克思主义真理的力量永葆初心、履行使命。习近平总书记在建党 100 周年大会上的讲话中强调:"一百年来,中国共产党弘扬伟大建党精神,在长期奋斗中构建起中国共产党人的精神谱系,锤炼出鲜明的政治品格。历史川流不息,精神代代相传。我们要继续弘扬光荣传统、赓续红色血脉,永远把伟大建党精神继承下去、发扬光大!"学懂、弄通习近平新时代中国特色社会主义思想,不仅要熟悉习近平新时代中国特色社会主义思想的重要论述和基本观点,更要深刻领会其蕴含的政治意义、历史意义、理论意义、实践意义,准确把握贯穿其中的马克思主义立场观点方法,深刻认识新时代党的历史使命,牢牢把握"八个明确"重大理论概括和"十四个坚持"基本方略。通过学习,不断坚定理想信念,做习近平新时代中国特色社会主义思想的坚定信仰者,真正把习近平新时代中国特色社会主义思想作为坚定理想信念的"主心骨"。做到真学、真懂、真信、真用,要全面准确领会其中丰富的思想内涵、思想体系和实践要求,准确把握贯穿其中的实事求是思想路线,大兴调查研究之风,提高科学决策的水平;准确把握贯穿其中的科学思想方法,强化战略思维、辩证思维、系统思维、创新思维、底线思维,提高推动工作的能力;准确把握贯穿其中的真挚为民情怀,始终站稳群众立场,切实维护群众利益,真心实意为群众办实事解难题,努力把学习成效转化为做好本职工作、争创一流业绩的实际行动。

(三) 要牢记党的宗旨,认真践行执法为民、人民海关为人民的理念

我们党始终把人民群众作为自己的力量源泉,把人民立场作为自己的根本立场,把全心全意为人民服务作为自己的根本宗旨。海关作为行业部门、窗口单位,验放的每一票货物、审核的每一份单证、办理的每一个案件,都事关人民群众福祉和进出口企业切身利益。海关各级党员干部要带头践行"人民海关为人民"的理念,把增进人民福祉作为谋划和推动海关工作的出发点和落脚点,把人民群众满意作为衡量海关工作的最高标准,让人民群众从海关工作中体会到更多的幸福感、获得感和安全感。实现好、维护好、发展好最广大人民的根本利益是海关一切工作的出发点和落脚点。近年来,海关从企业和群众的实际需求出发,在压缩通关时间、提升通关效率、降低通关成本等方面制定了一系列行之有效的制度措施,切实做到了为民、便民、利民、惠民。

(四) 要敢于担当,乐于奉献,党员干部在新时代中国特色社会主义新海关建设中发挥先锋模范作用

奉献是共产党自诞生之日起就融入血液和灵魂的伟大品质。马克思、恩格斯在《共产党宣言》中指出:"共产党人不是同其他工人政党相对立的特殊政党,他们没有任何同整个无产阶级的利益不同的利益。"恩格斯在《共产党宣言》的 1883 年德文版序言中更进一步指出:"被剥削被压迫的阶级(无产阶级),如果不同时使整个社会永远摆脱剥削、压迫和阶级斗争,就不再能使自己从剥削它、压迫它的那个阶级(资产阶级)下解放出来。"中国共产党继承和发扬了马克思、恩格斯的建党思想,以全心全意为人民服务为宗旨,《中国共产党章程》中明确:"党除了工人阶级和最广大人民群众的利益,没有自己特殊的利益。"每一名党员在入党宣誓时都向党旗做过承诺,要遵守党的章程,为共产主义奋斗终身,随时准备为党和人民牺牲一切。共产主义的伟大理想需要一点一滴的奉献、一步一步的作为来实现。2014 年 5 月 8 日,习近平总书记在同中央办公厅各单位班子成员和干部职工代表座谈时,将"奉献"做了大小之分:"奉献有小奉献,也有大奉献。现在,有些人觉得自己当公务员收入不高,约束又多,同在企业工作或下海经商相比牺牲了很多,认为这就是奉献了。客观地说,这也是奉献,但这种奉献只是站在个人角度来认识的。我们共产党人讲奉献,就要有一颗为党为人民矢志奋斗的心,有了这颗心,就会'痛并快乐着',再怎么艰苦也是美的、再怎么付出也是甜的,就不会患得患失。这才是符合党和人民要求的大奉献。"①

奉献是海关的优良传统。新时代的海关同样需要奉献精神，也不乏甘于奉献的先锋模范。红其拉甫海关在半个世纪的发展历程中形成了"特别能吃苦、特别能忍耐、特别能战斗、特别能奉献"的红其拉甫海关精神。从建立海关的那一天起，每一位红其拉甫海关关员在残酷恶劣的环境中，身体力行地实践着"艰苦不怕吃苦，缺氧不缺精神，苦干不苦熬，苦中有作为"的坚定信念和远大追求，创出了一流的业绩。自 1949 年建关以来，一代代大铲海关人传承和发扬着"勇于坚守、勇于战斗、勇于奉献、勇于争先"的大铲精神，牢牢坚守在珠江口进境的最前哨和出境的最后一座堡垒，完成了全国海关 80％的中途监管任务，将大铲海关打造成了反走私斗争的桥头堡。

关键时刻冲得上去、危难关头豁得出来，才是真正的共产党人。新冠疫情防控战打响以来，能不能打好、打赢疫情防控的人民战争、总体战、阻击战，是对各级党组织和党员、干部的重大考验。疫情迅速得到控制，离不开广大党员干部在危难时刻挺身而出、舍生忘死，冲锋在第一线、战斗在最前沿，离不开基层党组织坚强有力的工作和党员的先锋表率作用。新时代海关建设要求党员干部走在前列、冲在前面，勇于攻坚克难，敢于较真碰硬，将海关全面深化改革进行到底。海关处在改革开放的最前沿，进入新时代，海关队伍要大力弘扬改革创新精神，围绕提升海关履职能力和释放改革红利，坚决破除一切不合时宜的思想观念和体制机制弊端，推动思想再解放、改革再深入、工作再抓实，不断拓展改革的广度、深度，高质量推进海关各项改革，充分体现强化监管、优化服务有机统一，推进海关治理体系和治理能力现代化，努力打造先进的、在国际上最具竞争力的海关监管体制机制。

在建设中国特色社会主义新海关的征程中，每一位海关人都肩负着重要职责，发挥着重要作用，时代新人要勇于担负起新海关的事业追求和价值目标，政治坚定、承担使命、激发动力、培养素质、凝聚力量，为中国特色社会主义事业的发展添砖加瓦。

---

① 中共中央纪律检查委员会，中共中央文献研究室.习近平关于党风廉政建设和反腐败斗争论述摘编[M].北京：中央文献出版社，中国方正出版社，2015：144－145.

第三章　服务经济国门

对外开放是我国基本国策,《中华人民共和国国民经济和社会发展第十四个五年规划和 2035 年远景目标纲要》(以下简称《"十四五"规划》)提出,实行高水平对外开放,开拓合作共赢新局面。针对当前国际国内形势,我国要准确把握新发展阶段,深入贯彻新发展理念,加快构建新发展格局。实行高水平对外开放,应具备强大的国内经济循环体系和稳固的基本盘,同时要注重培育我国参与国际合作和竞争新优势,以国际循环提升国内大循环效率和水平,推动我国产业转型升级、结构不断优化。海关服务经济国门,重点要以服务经济高质量发展为中心,助力实现高水平对外开放。

第一节　经济国门的基本内涵和意义

理解经济国门,重要的是理解经济国门的基本内涵和对我国经济发展的意义,本章从介绍我国经济国门打开的历程入手,诠释经济国门的主要内容。

一、我国经济国门逐步打开

新中国成立以来,我国经济国门逐步打开,大致经历了四个阶段:1949—1977 年的经济对外开放探索阶段,1978—2000 年的局部开放向全方位开放过渡阶段,2001—2012 年的开放型经济体系形成阶段,2013 年至今的全面开放新格局形成与深化阶段[①]。

(一) 1949—1977 年,经济对外开放探索阶段

新中国成立以后,我国发展重心迅速转移到社会主义建设中来。关于对

---

① 余稳策.新中国 70 年开放型经济发展历程、逻辑与趋向研判[J].改革,2019(11).

外开放,1956 年党的八大报告中指出:"在国内贸易和对外贸易方面,在文化教育卫生事业方面,也都有迅速的发展。"说明当时阶段,我们积极开展对外贸易,探索对外开放的道路。毛泽东同志在《论十大关系》中提出:"我们的方针是,一切民族、一切国家的长处都要学,政治、经济、科学、技术、文学、艺术的一切真正好的东西都要学。"[①]向国外先进经验学习,但要批判地学习,不能盲目地照搬照抄。这成为新中国成立初期对外开放的重要遵循。那一时期,中国积极向苏联学习其社会主义建设和发展经验,同时,还不断探索与周边国家开展合作交流。随后,由于国内发展偏离了经济建设这个重心,以及西方对社会主义中国的封锁,使我国一度进入较封闭的状态,对外开放的进程受阻。

(二)1978—2000 年,局部开放向全方位开放过渡阶段

1978 年,党的十一届三中全会确立了改革开放政策。1980 年,中国设立了深圳、珠海、汕头、厦门 4 个经济特区,作为对外开放的先锋阵地,通过加工业、制造业、服务业等,拉动地区经济快速增长,并探索出符合地区实际的高水平的贸易和投资政策。1984 年 4 月,中央决定进一步开放由北至南 14 个沿海城市(大连、秦皇岛、天津、烟台、青岛、连云港、南通、上海、宁波、温州、福州、广州、湛江、北海),后来又将营口和威海增列为沿海开放城市。1988 年,设立海南经济特区。1990 年中央宣布开发开放上海浦东。到 1991 年底,东部沿海形成了一个横跨 11 个省、区,包括 40 个省辖市、215 个县(市),总面积 42 万平方千米的南北连线成片的经济开放地带,并逐渐形成"经济特区—沿海开放城市—沿海经济开放区—内地"的开放格局。1995 年我国首次颁布了《外商投资产业指导目录》,通过土地、税收、信贷等优惠政策吸引外资。对外开放推动了外资规模的持续扩大,引进了先进技术、管理经验,提升了国内产品竞争力,激励了企业运用先进技术与科学经营管理方法提高劳动生产率,有效地发挥了我国劳动力和资源等的比较优势,促进了经济迅速增长。

(三)2001—2012 年,开放型经济体系逐步形成阶段

自 2001 年我国加入世界贸易组织以来,通过取消进口关税配额、规定国

---

① 毛泽东.毛泽东文集(第 7 卷)[M].北京:人民出版社,1999:41.

内农业补贴上限等,逐步推动关税减免;通过多措并举,使在华境内企业获得了贸易权,促进了银行金融、保险证券、通信和互联网、交通、法律服务、建筑业、旅游业等多个领域的对外开放。[1] 在加速与国际接轨的进程中,中国经济迅速融入全球化分工体系。一方面,扩大开放吸引跨国公司大规模进入,促进要素配置水平提升,与国际市场关系更加紧密;另一方面,全球经济增长中的"中国因素"不断强化,"中国制造"成为融入全球经济发展的亮丽名片。对外开放更加注重体制机制建设,针对外汇储备和贸易顺差增加、劳动力成本和能源原材料价格持续上涨、资源环境约束增强等一系列突出问题,我国及时调整贸易政策,强调平衡贸易以优化结构。[2] 通过调整税收和补贴等一系列政策措施,将转变贸易发展方式纳入产业升级的总体目标。从微观、中观和宏观 3 个层面探索对外开放的举措,深入各个层面展开国际经济合作,逐渐形成开放型经济体系。

(四) 2013 至今,全面开放新格局的形成与不断深化阶段

2013 年,以上海自贸区建立为标志,我国开始探索全面开放新格局。2013—2020 年,共批准设立了上海、广东、天津、福建、辽宁、浙江、河南、湖北、重庆、四川、陕西、海南等 21 个自贸试验区,全面开放新格局逐渐形成,并不断深化。从管理机制上看,对外商投资的管理转为负面清单模式,即明确市场和政府的边界,对清单以外的领域全部开放,为外资提供了同内资一样竞争平台,有效改善了国内投资环境。党的十九大提出实行高水平的贸易和投资自由化便利化政策,我国又进一步修订外商投资负面清单。2020 年发布的全国版外商投资准入负面清单,由 2019 年的 40 条缩减至 33 条,自贸试验区版外商投资准入负面清单由 37 条缩减至 30 条;将进出口环节验核监管证件由86 种减少至 44 种,将全国进口、出口整体通关时间较 2017 年分别压缩64.04％和 84.87％;在十三届全国人大常委会第二十二次会议上对我国专利法进行了第四次修改,在专利授权制度、专利权人合法权益保护等方面进行了完善。[3] 总体看,我国正在稳步扩大金融业开放,持续推进服务业开放,深

---

① 余稳策.新中国 70 年开放型经济发展历程、逻辑与趋向研判[J].改革,2019(11).
② 杨丹辉.对外开放四十年:中国的模式与经验[J].China Economist,2018(4).
③ 习主席在前两届进博会上宣布的开放举措,这样一一落实[EB/OL].http://www.xinhuanet.com/world/2020 -11/03/c_1210871376.htm。

化农业、采矿业、制造业开放,加快电信、教育、医疗、文化等领域开放进程,特别是外国投资者关注、国内市场缺口较大的教育、医疗等领域也将放宽外资股比限制。

二、经济国门的基本内涵

根据经济学理论,经济开放主要有 3 个方面:① 产品市场开放,即存在产品贸易的进出口;② 资本市场开放,即允许资本自由流动;③ 要素市场开放,包括服务、数据、劳动力等要素自由流动。经济国门开放要使产品市场、资本市场和要素市场适应经济发展形势、服务经济发展需要、保障经济发展安全。

(一) 经济国门要适应经济发展的形势

经济国门首先要适应国内经济发展的形势。改革开放初期,我国缺乏资金、技术和经验,因此依靠"引进来"起步,吸引国外资本、技术、先进理念等以促进本国发展。这个阶段我国经济国门重点"向内开"。随着我国经济实力明显增强,综合国力和国际地位显著提升,我国同发达国家间的科技差距逐渐缩小,很多技术已经走在世界前列,国内整体人才素质、能力都大幅提升,"中国制造"和"中国智造"获得国际认可。2002 年党的十六大提出"坚持'引进来'和'走出去'相结合,全面提高对外开放水平",我国开始将"走出去"作为重要的开放战略,通过输出资本、技术、人才等争取更多的国际市场,经济国门也逐渐注重"向外开"。随着发展进入新时代,国内经济亟须结构优化、动力换挡,经济发展由重速度向强调质量转变。基于此,党的十九大提出要"坚持引进来和走出去并重,遵循共商共建共享原则",通过"引进来"为"走出去"奠定物质基础、提高综合实力,通过"走出去"优化资源配置,促进经济长期发展,提升国际地位,从而更好地进行"引进来",实现两者的相互促进、良性循环。因此,经济国门要双向开放、协调开放,从而适应国内经济形势变化。

(二) 经济国门要服务经济发展的需要

经济国门重点是要服务经济发展的需要。改革开放初期,我国国内经济发展相对落后,对外开放过程中需要保护民族产业和国内企业,因此要严把经济国门,为国内经济发展提供适宜的环境。随着国内经济不断增强,保护的概念逐渐弱化,对外开放更多的是要对接国际,开放更多领域,提供更多支持,吸引国际资本、经验、要素等进入国内,同时支持国内企业、技术、产品走出国门,在国际市场占据一席之地。在经济全球化的大环境下,我国对外开放的大门越开越大。新阶段经济国门服务经济发展需要,要深入贯彻落实新发展理念,积极构建新发展格局。经济国门服务经济发展需要,一是坚持创新开放,将创新作为开放的第一动力,培育和壮大新动能,不断推动开放转方式、调结构、增动力。二是坚持协调开放,考虑当前区域、产业等差别,形成以局部开放带动全局开放、以个别产业带动产业链发展的协调开放。三是坚持绿色开放,以控制碳排放量等为契机,推进绿色发展方式和合作方式,以实现生态环境可持续和经济高质量发展。四是坚持共享开放,秉持平等协商、责任共担、共同受益的理念,在开放中让各国人民共同享受经济发展的成果。

(三) 经济国门要保障经济发展的安全

经济国门关键是要保障经济发展的安全。我国对外开放是安全的开放,要坚持以安全发展为底线。安全不仅涉及经济安全,还包括生态环境安全、资源安全、科技安全、信息安全等。既有传统安全,又有非传统安全。全球化的市场中,任何风险都有可能引发大的问题,甚至形成危机。当前,全球化、国际治理体系和治理格局面临挑战,我国发展的外部风险增加,内部又存在发展不平衡、不充分的问题,部分领域抗击风险的体制机制不够完善。我们必须坚持统筹发展和安全,增强机遇意识和风险意识,树立底线思维,有效防范化解各类风险挑战。因此,经济国门开放要渐进开放,在保障安全发展的前提下稳步开放。

三、经济国门的重要意义

不同时期和不同阶段,经济国门怎么开,怎么开才好?根据国际和国内形势,有不同的要求。从其服务和保障经济发展的作用看,无论是过去还是现在,经济国门都占据重要地位。

（一）在全球经贸规则构建中提升我国话语权

过去的全球经贸规则一直由西方国家主导,规则从提出到制定修改,发展中国家的话语权较少。但是随着国际形势的变化,经济全球化正经历百年未有之大变局,保护主义、单边主义抬头,基于规则的多边贸易体制正面临前所未有的危机,全球经贸规则加剧变革。在贸易规则重塑的关键时期,我国积极推进高水平对外开放,提出"构建人类命运共同体"和"一带一路"倡议等,以包容、开放、共建、共享的理念为新时期经济全球化提供"中国方案"。同时以建设海南自由贸易港为代表,探索高水平的开放模式,并由要素开放拓展为服务开放和制度型开放。这将在我国参与全球贸易规则重塑中发挥重要作用,提升我国参与国际经贸规则制定的话语权。开好经济国门,能使我们更好地融入全球经贸规则制定中,从而增强我国国际地位。

（二）适应国际贸易结构性变化的要求

我国对外开放初期,凭借劳动力、资源等要素禀赋优势和优惠政策融入全球生产分工体系,制造业、对外贸易等迅速发展,一度成为拉动经济增长的主要动力。"中国制造"成为亮丽名片,吸引诸多跨国公司将生产加工环节转移到中国,同时国内的一些自主品牌也走出国门。可以说,货物贸易成为对外贸易的主导。根据世界贸易组织统计数据,2013 年,我国超越美国成为货物贸易第一大国,当年进出口总额比美国高出 2 500 亿美元。但随着经济向高质量方向发展,我国要素比较优势下降,同时面临世界经济增长放缓等现实,货物贸易对我国经济发展的贡献逐渐减小,自 2012 年以来外贸增长就进入瓶颈期,2012 年至 2019 年的进出口增长率仅为 3.7%,2019 年我国对外贸易依存度为 31.8%。[①] 这说明,全球贸易结构发生转变,以货物贸易为主要导向的开放形式将难以为继。随着投资向高端和轻资产方向的转变,服务和技术在全球价值创造中占比增加,服务业和数字经济等将是未来对外贸易的重点,也是经济升级和动力转型的必然结果。开好经济国门,能使我们适应国际贸易结构变化,统筹好国内国际两个大局。

---

① 数据来源:海关总署网站,按照货物贸易进出口总额/GDP 计算。

（三）为我国对外开放战略保驾护航

　　根据党和国家的相关文献，对外开放举措中被冠以"战略"的主要有"走出去战略"和"自贸区战略"[①]。这是根据经济发展需要实施的战略。"走出去战略"以中国公司为主导，服务于中国公司，从开拓市场空间、优化产业结构、获取经济资源、争取技术来源和突破贸易保护壁垒方面，通过国家支持和引导培育具有国际竞争力的大型跨国公司，提升企业自主创新能力。"加快实施自由贸易区战略"是党的十八大提出来的；《"十四五"规划》又提出，"实施自由贸易区提升战略，构建面向全球的高标准自由贸易区网络。优化自由贸易区布局，推动区域全面经济伙伴关系协定实施，加快中日韩自由贸易协定谈判进程，稳步推进亚太自贸区建设。提升自由贸易区建设水平，积极考虑加入全面与进步跨太平洋伙伴关系协定，推动商签更多高标准自由贸易协定和区域贸易协定"。以上两个战略连同我国提出的"一带一路"倡议，形成我国对外开放的重中之重。开好经济国门就是要求通过提升监管水平、提高服务效率，保障供应链和产业链向全球价值链高端发展，促进要素自由流动，为我国对外开放战略保驾护航。

第二节　经济高质量发展下守好经济国门的职责

　　海关作为进出境行使征税、监管等职能的机关，从经济国门打开以来，一直捍卫着自己的神圣职责。发展进入新阶段，在经济高质量发展的要求下，海关更要坚定准军事化纪律部队建设要求，不断改革创新，守好我国经济国门。

一、海关守经济国门的成效

　　1949年10月25日，中华人民共和国中央人民政府海关总署成立。负责统一管理全国海关事务，调整各地海关设置。新中国海关领导体制随国家改

---

① 裴长洪.经济新常态下中国扩大开放的绩效评价[J].经济研究,2015(4).

革几经调整,1998 年国务院决定海关总署升格为正部级,海关在国家经济生活中的作用得到更好发挥。2001 年我国加入 WTO 后,经济发展迅速融入全球化大格局中,进出口贸易额逐年增长。海关作为国家对外窗口,经历和见证了改革开放以来我国经济开放的历程,用实际行动阐释了"国盛则关兴"的深刻内涵。

(一)关税服务产业、财税和贸易政策

改革开放初期,关税政策与产业政策、财税政策和贸易政策的配合度较高。产业政策需要解决能源、交通、农业等生产能力落后的问题,关税政策就及时提高了国内能生产的工业品关税税率,同时大幅降低涉及能源、原材料、交通运输相关机器设备、零部件等的进口关税税率,优先进口必备的短缺物资,为产业发展提供了物资条件。财税政策向沿海地区倾斜的同时,关税政策对于经济特区和沿海开放区则实施免征进口关税的优惠措施,并对来料加工、进料加工和加工贸易实行进口税收优惠政策,以配合财税政策落实①。同时,关税收入为我国提供了较为稳定的财政收入,保障了这一时期我国国民经济持续和稳定发展。

社会主义市场经济体制建立以来,产业政策要求加快培育机械电子、石油化工、汽车制造和建筑业四大支柱产业,关税在大幅度自主降税的背景下,对于汽车整车及零部件、机械电子产品、石化产品则仍保持较高的关税水平,有效地保护了国内产业的生命力。产业政策要求加快发展高新技术产业,财税政策也重点加大对企业研发的投入,关税政策为国家鼓励发展的外商投资企业、外商投资研究开发中心等,提供了设备免征进口关税和进口环节税等支持。由于财税政策向西部地区倾斜,关税政策提出对中西地区部分优势项目进口国内不能生产的设备可免征进口关税和进口环节税②。同时,通过加强关税征管工作,也为扩张性财税政策的实施提供了资金基础。

加入 WTO 后,我国关税政策严格遵循 WTO 相关规定,大幅提升了我国

---

① 叶欣.关于中国关税政策研究——加入 WTO 之后中国关税减让的评估与未来展望[D].对外经济贸易大学,2017.

② 叶欣.关于中国关税政策研究——加入 WTO 之后中国关税减让的评估与未来展望[D].对外经济贸易大学,2017.

贸易自由化水平,极大提升了面向出口的产业发展水平,并且通过开放倒逼改革,使得产业政策不断优化,与国际规则进行了对接。有研究表明,2000—2014年,我国关税总体有效保护率从22.25%下降至12.56%[①]。党的十八大以来,在有效市场和有为政府的格局下,以供给侧结构性改革为主线的路径要求提升供给质量。产业政策注重提升创新内生动力,贸易政策更加注重提升贸易便利化水平和服务贸易水平,特别是各类自贸协定的签署,要求关税政策以减税降费为导向,促进对外开放发展,也因此能够倒逼国内企业转型升级,适应高质量发展的要求。

(二) 不断提升进出境服务和监管水平

通关是贸易进出口的必经程序。随着我国进出口贸易量的逐年增加,快速高效通关成为开好经济国门的关键环节。从最初的人工、手动、纸质通关,到科技化、数字化、无纸化的快速通关,可以说无论从流程上还是技术上,通关服务不断在改进创新。

流程方面,在尊重企业通关自主选择的前提下,海关积极推进"提前申报""两步申报"等业务改革,稳步推广进口货物"船边直提"和出口货物"抵港直装"试点,通关效率显著提升。监管方面,持续精简进出口环节监管证件。2020年以来合并2种监管证件,取消1种监管证件。目前进出口环节需要验核的监管证件已从2018年的86种精简至41种。除3种因安全保密需要等情况不能联网,其余38种全部实现网上申请办理,其中19种证件已通过国际贸易"单一窗口"一口受理。在前期已削减部分行政审批事项的基础上,海关再取消报关企业注册登记、出口食品生产企业备案核准、进出口商品检验鉴定业务的检验许可、从事进出境检疫处理业务的人员资格许可4项行政许可事项。目前,海关所有涉企经营许可事项"证照分离"改革全覆盖试点已经启动,准入门槛进一步降低,审批服务持续优化。2020年12月,全国进口、出口整体通关时间分别为34.91小时、1.78小时,同比分别减少1.82小时和0.95小时,较2017年分别压缩64.2%和85.5%[②]。

---

① 谢锐,等.中国关税有效保护率的动态变迁[J].管理科学学报,2020(7).
② 数据来源:海关总署网站,http://www.customs.gov.cn/customs/ztzl86/302414/302415/3528940/3528942/3527101/index.html。

（三）查缉走私保障经济秩序和安全

查缉走私是海关为保证顺利完成监管和征税等任务而采取的保障措施，对我国经济秩序和安全具有重要的意义，是经济正常发展的重要保障。随着经济形势的多元化和复杂化，走私出现了各种各样的形式，对税收和监管产生了巨大不良影响。查缉走私是海关守卫经济国门安全的重要举措。

20 世纪 50—60 年代，海关查获的政治破坏性走私和日用品走私较多。20 世纪 80 年代，沿海地区群众性走私、货运和加工贸易渠道走私现象严重，走私物品以高档生活用品、生产设备以及生产原材料为主。20 世纪 90 年代，出现了走私现象突出、案值巨大的情况，发生了震惊全国的湛江"9898"案件和厦门"420"特大走私案件①。进入 21 世纪以来，旅检渠道"水客"走私活跃，毒品、枪支弹药、固体废物、动植物制品等走私现象突出。海关加强执法和监管，打击重点地区、重点渠道、重点商品的走私活动，有效保障了经济秩序和安全。

二、理解经济高质量发展阶段的特征

党的十九大报告指出"我国经济已由高速增长阶段转向高质量发展阶段"，并对贯彻新发展理念、建设现代化经济体系作出一系列部署。《"十四五"规划》明确了把握新阶段、贯彻新理念和构建新格局的具体举措，为经济高质量发展夯实基础。高质量发展是当前和未来我国顺应经济发展规律的必然要求，是创新驱动型的经济增长方式。守好经济国门，要理解和把握经济高质量发展的内涵和要求②。

（一）坚持创新发展

《"十四五"规划》提出，"坚持创新在我国现代化建设全局中的核心地位""坚定不移建设制造强国、质量强国、网络强国、数字中国"。逆全球化格局和疫情让我们更深刻意识到，"关键核心技术是要不来、买不来、讨不来的"。高

---

① 李政藏.海关查缉走私成果亮相 近五年来查获案件 14 万余件［EB/OL］.https://politics.gmw.cn/2019 - 11/19/content_33331788.htm.
② 宋光茂，韩保江.加快现代化经济体系建设（深入学习贯彻习近平新时代中国特色社会主义思想）［N］.人民日报，2020 - 02 - 04.

质量发展必须加强创新驱动,推动产业向高级业态发展,提升产业链生产效率,改变全球价值链利益分配。特别是要大力推进科技创新及其他各方面创新,加快推进数字经济、智能制造、生命健康、新材料等战略性新兴产业,形成更多新的增长点、增长极。依托创新实现经济发展的质量变革、效率变革、动力变革,促进全要素生产率显著提高。

(二)坚持协调发展

经济高质量发展既要保证产业之间、区域之间、要素之间的协调,又要保证新型工业化、信息化、城镇化、农业现代化的协调,还要求实体经济与虚拟经济的协调。因此,要深入实施区域重大战略、区域协调发展战略、主体功能区战略,健全区域协调发展体制机制,构建高质量发展的区域经济布局和国土空间支撑体系;充分发挥优势产业、优势生产要素的比较优势,激发产业和资源要素的后发优势和潜能,形成发展的协调机制。

(三)坚持绿色发展

经济高质量发展是绿色低碳和可持续的发展,要坚持绿水青山就是金山银山理念,坚持尊重自然、顺应自然、保护自然,坚持节约优先、保护优先、自然恢复为主,实施可持续发展战略,完善生态文明领域统筹协调机制,构建生态文明体系,推动经济社会发展全面绿色转型,建设美丽中国。在发展过程中要处理好经济发展同生态环境保护的关系,实行最严格的生态保护制度,形成绿色发展方式和生活方式。绿色经济是发展的潮流,开放发展中要落实《巴黎协定》(The Paris Agreement)、《2030 年可持续发展议程》(Transforming our World:The 2030 Agenda for Sustainable Development)等,以实现生态环境可持续和经济高质量发展。

(四)坚持开放发展

经济高质量发展是开放的、与世界经济融合的发展。经济全球化是不可逆转的大趋势。中国的市场也将成为世界的市场,我们一定要坚持对外开放基本国策,统筹好国内国际两个大局,利用好国际国内两个市场、两种资源,发展更高层次的开放型经济。高水平对外开放,是在更大范围、更宽领域、更深层次上的开放,是内外联动,更好地利用国际国内两个市场、两种资源,引进来和走出去并重的开放。经济高质量发展要积极参与国际分工和世界经济结构调整,支持我国企业扩大对外投资,推动装备、技术、标准、服务走出去,向全球价值链中高端迈进。

（五）坚持共享发展

经济高质量发展是全民共享、全面共享、共建共享和渐进共享。对内要让发展成果惠及更多群众,增加群众的获得感和幸福感。通过完善社会民生兜底保障措施,稳定就业总量,改善就业结构,促进人的全面发展。统筹发展资本密集型、技术密集型、知识密集型和劳动密集型产业,让人民群众的智慧和创造力充分涌流的同时,实现共同富裕。对外开放要秉持平等协商、责任共担、共同受益的理念,让各国人民共同享受经济发展的成果。

三、经济高质量发展阶段海关的职责与使命

经济高质量发展对强化海关职能提出更高要求,围绕"服务高质量发展,推动高水平开放,保障高标准安全"的总体思路,海关要积极主动担当作为。

（一）增强海关在服务高质量发展上的职责使命

新发展格局不是封闭的国内循环,而是开放的国内国际双循环,要在对外开放中密切同世界经济的联系,让我国成为吸引国际商品和要素资源的巨大引力场,在统筹发展和安全中,实现自身更加强劲可持续的发展,也为其他国家提供更广阔的市场机会。海关作为国内国际双循环的交汇枢纽,在抗击疫情时期应做好"六稳""六保",全力做好"稳外贸""稳外资"工作,服务好国内国际两个大局、两种资源、两个市场。特别是在《区域全面经济伙伴关系协定》(简称 RCEP)签署之后,要加大市场准入谈判力度,同时发挥技贸措施作用,帮助更多企业应对国外技贸壁垒,支持企业走出去。进一步提升服务质量,打造跨境贸易无缝衔接流程。针对特殊产品,如基本医疗设备、药品和食

品监管流程等进行优化,确保全球供应链的完整性和持续的便利性。

(二)增强海关在国门安全防控上的职责使命

越开放就越要重视安全,越要统筹好发展和安全。抗击疫情时期,口岸安全防控成为安全防控整体大局的关键节点,要求海关创新工作举措,切实保障国门安全。要通过加强第一入境点卫生检疫,织牢口岸防控网,严防境外疫情输入,坚决守护好国门生物安全。同时,坚决遏制境外危险通过口岸蔓延扩散,通过联合地方政府形成联防联控闭环,密切关注境内外疫情等危险的发展态势,增强防控措施的针对性和有效性。海关要深入参与国家安全治理,全面提升进出口商品安全、食品安全等监管能力,优化体制机制,提高安全治理能力。

(三)增强海关在服务开放发展上的职责使命

坚持对外开放的基本国策,要全面提高对外开放水平,建设更高水平开放型经济新体制,形成国际合作和竞争新优势。在构建开放型经济新体制、服务"一带一路"建设、参与全球治理等方面,海关要积极主动,不断改革创新。大力支持自贸试验区和自贸港建设,对接高标准国际经贸规则;不断优化营商环境,在税款支付、信用管理、通关便利等方面给予企业更大支持,巩固关企战略伙伴关系;赢取国际海关合作先机,在国际规则制定中发出更多中国声音。

(四)增强海关在提升治理能力上的职责使命

坚持和完善中国特色社会主义制度,推进国家治理体系和治理能力现代化,海关要以深化改革促进发展,实现治理能力提升。通过进一步解放思想、转变观念,不断创新监管方式和手段;准确把握监管与服务的辩证关系,坚持目标导向、问题导向、结果导向,用辩证的思维和方式解决发展中出现的问题;推动改革顶层设计和基层创新互动,试点先行和经验推广有机结合,推进改革协同高效。特别是运用创新手段,切实发挥改革强关和科技兴关的作用,充分运用数字化、信息化手段助力海关治理体系和治理能力现代化。

第三节　经济国门开放中的海关实践

经济国门打开后,我国逐渐融入全球化分工体系中,中国海关作为对外开放的关键力量,在推进国家融入全球化、服务国家经济战略中发挥着重要作用。本节以海关规则制定为例,讲述我国海关从融入规则到引领规则的历程。①

一、融入规则

改革开放前,由于国际经济形势和我国实行计划经济体制,我国关税作用没有得到很好发挥,"文革"期间甚至停止征收关税。改革开放以后,1980 年我国海关恢复征收关税,但实行的仍是 1951 年实施的新中国的第一部关税税则。这部税则是我国近代史上第一部真正独立自主制定的海关税则,是一部具有当时中国特色的海关税则。但这部海关税则的目录与当时国际上通行的《海关合作理事会商品分类目录》(Customs Co-operation Council Nomenclature,简称 CCCN)并不一样。1950 年 12 月 15 日,海关合作理事会在布鲁塞尔制定了《海关税则商品分类目录公约》(Convention on Nomenclature of the Classification of Goods in Customs Tariffs),要求缔约国海关实施,其目的是防止各国利用商品分类进行歧视,避免各国海关随意对进出口商品进行归类,以便利国际贸易规范、公平开展。到我国改革开放初期,世界各国海关已普遍采用该商品分类目录来制定本国税则。

随着改革开放的推进,关税对国家经济的保护、调节作用和财政作用也越来越重要。我国当时的海关税则与国际上通行的商品分类目录相比,其税号和商品分类都不能对接,导致其无法作为我国与他国进行关税谈判的基础。在一些谈判中,谈判国明确提出我国必须使用国际通用规则,贸易谈判才能顺利开展。经过努力,1985 年 3 月,我国实施了以 CCCN 为基础的进出口税则。该税则除了采用国际上通用的海关税则目录外,还大幅度地调整了

---

① 本节论述的案例摘选自:刘广平.从融入规则到引领规则的跨越[J].金钥匙,2019(5).

进口税率,并解决了税级结构不合理的问题。

进入 20 世纪 90 年代以后,随着经济不断发展,我国科技水平稳步提升,生产水平日益提高,对外经济贸易规模进一步扩大,进出口商品结构也发生了变化。同时,为恢复我国在关贸总协定席位,海关税则必须与国际标准接轨,从 1992 年 1 月起,我国开始实行以《商品名称及编码协调制度》(简称《协调制度》,习称 HS,即 The Harmonized Commodity Description and Coding System 的简称)为基础的海关税则。该海关税则一直沿用至今,很好地适应了国内改革开放和对外经济贸易发展的需要。

改革开放使我国从封闭、半封闭经济迈向开放型经济,逐渐融入世界经济体系,成为世界经济的重要组成部分。在这个过程中,海关服务国家改革开放政策,积极主动融入和适应全球化规则。虽然当时中国海关对国际规则的制定发声较少、较弱,但在追随和融入国际规则的历程中,不断对标国际经贸规则,为我国对外贸易的发展保驾护航。

二、发出声音

随着我国改革开放不断推进,我国经济与世界经济联系日益紧密,成为经济全球化发展中的重要力量。在国际规则方面,我国逐步从接受规则转向参与规则制定。中国海关在时代发展中与时俱进,在不断融入、参与外贸规则的过程中,也逐渐发出自己的声音。2001 年 12 月 11 日中国正式加入世界贸易组织,成为改革开放进程中重要的里程碑事件。

在努力对标国际经贸规则和履行入世协议接受国际规则检验的过程中,海关逐步参与规则制定,积极发声。比如 2003 年中国—东盟货物贸易协议,内容丰富,领域广泛,谈判过程艰难,但我国充分表达了自己的主张和诉求,在规则制定中占据重要地位。

21 世纪以来,我国改革开放取得了举世瞩目的成就,综合实力大大增强,在国际规则上从追求接轨到积极参与制定,正稳中有进地发展。中国海关不断拓宽国际视野,积极推进国际海关合作,并全面加大人才培养力度,越来越多的中国海关专家在国际海关组织中担任职务,为我国企业和贸易走出去,及更高层次的开放筑牢基础。

三、引领潮流

随着我国成为世界第二大经济体和最大的发展中国家,我国国际影响力和发展的成功经验使我国在全球经济治理改革中发挥的引领作用不断增强。我国倡导的全球经济治理体系改革,为构建共建共享的国际经济新秩序提供了新方案。在国际贸易规则等重大议题上,我国的参与度越来越高。例如,2017年,中国海关起草的《世界海关组织"经认证的经营者"(AEO)互认实施指南》在世界海关组织"全球贸易安全与便利标准框架"工作组会议上获通过,中国海关首次在世界海关组织AEO领域引领制定国际规则。2018年初,中国海关成功举办了首届世界海关跨境电商大会。此次大会,既是中国海关和全世界海关组织的盛会,也是跨境电商发展史上的一座里程碑。2018年9月,在中国海关代表的力争下,世界海关组织协调制度委员会改变了将"带照相机的无人机"归入航空器的决定,转而同意按中国海关的意见将其归入照相机,让"中国智造"的产品顺利走向世界。

从当年我们引进、采用世界海关组织的商品分类目录,到中国海关越来越多地参与到这个目录的制定中,提出的方案也越来越多地被协调制度委员会所接受,中国海关在国际上受到越来越多的认可。我国海关代表近年当选为协调制度委员会主席,直接主持国际海关组织协调制度会议,引领着国际海关商品分类目录规则的制定工作。现在,中国海关正在提供越来越多的中国方案,促进国际经济秩序向更加公平、共赢的方向发展。

第四节　经济国门开放的机遇与挑战

当前,全球经济放缓和世界经济格局变化是我国面临的最大现实,开好经济国门面临机遇和挑战,我们始终坚持"人类命运共同体"倡议,以高水平发展迎接开放挑战、把握开放机遇。

一、全球发展亟待"稳定器"

全球供应链环环相扣、缺一不可,疫情全球大流行波及全球供应链。过去以经济效率为考虑的全球供应链现在将安全上升为战略层面，部分国家提出供应链的本地化、分散化和"去中国化"，以保障供应链的安全。这将涉及更多经济、政治等领域深层次的调整及保障我国供应链稳定的举措。

从现有国际治理情况看，当前多边贸易体系面临巨大挑战。一方面发展中国家与发达国家利益诉求的冲突难以调和，导致协调机制、仲裁机制无法顺利推进，另一方面保护主义、单边主义不断抬头。疫情的影响再叠加中美贸易摩擦等多重不利因素，全球化浪潮将进入深度调整阶段，也使国际营商环境的不确定性有所增加。我国提出构建以国内大循环为主体、国内国际双循环相互促进的新发展格局的重大战略，对稳定供应链和经济运行、对冲日益增长的国际风险意义重大。

二、产业转型迎来"数字化"

数字经济是继农业经济、工业经济之后新的经济社会发展形态。关于数字经济的定义以 2016 年 G20 杭州峰会发布的《二十国集团数字经济发展与合作倡议》最具代表性。该倡议认为：数字经济是指，以使用数字化的知识和信息作为关键生产要素、以现代信息网络作为重要载体、以信息通信技术（ICT）的有效使用作为效率提升和经济结构优化的重要推动力的一系列经济活动。可以说，当前以云计算、大数据、移动互联网为代表的新一代信息技术突飞猛进，催生了社会生产和生活方式的变革。根据《"十四五"数字经济发展规划》，"到 2025 年，数字经济迈向全面扩展期，数字经济核心产业增加值占 GDP 比重达到 10％"。

未来，随着信息技术、数字化、网络化、智能化的深入发展，产业的数字化转型趋势将越来越明显。过去，我国以货物贸易和服务贸易为主的贸易形势将发生改变，数字贸易将成为重要贸易形式，并以更快捷、更全面、更便利的方式促进经济发展。当然，其中涉及跨境数据隐私保护、数据税收等多方面的问题，因此需要我国积极探索，形成符合发展中国家情况的方案做法。

三、可持续发展成为"重要指标"

为加快形成绿色发展方式和生活方式，建设生态文明和美丽地球，我国将提高国家自主贡献力度,采取更加有力的政策和措施推进可持续发展,二氧化碳排放力争于 2030 年前达到峰值,努力争取 2060 年前实现碳中和。从减碳入手落实绿色发展理念,不只是国内经济发展的要求,也将成为经济国门开放中的重点内容。

今后我国的进出口将更加侧重资源节约和环境友好型产品、产业,对国内经济发展来说将形成倒逼机制,促进国内产业更加重视创新驱动、转型升级,淘汰高污染高耗能的低效产业。从国际贸易看,我国将为世界提供更多更好的绿色产品,也将为世界经济可持续发展作出贡献。可以预料,可持续发展、绿色低碳等要求将逐渐成为新的主要非关税壁垒,为应对这一挑战,我国必须更加坚定不移地走高质量的可持续发展之路。

四、边境管理更强调"协调性"

新冠疫情波及 200 多个国家和地区,疫情冲击严重的国家(如美国、德国、法国、意大利、日本和韩国等)占全球 GDP、工业产值和出口的 50% 以上,影响范围广泛,对世界各地的营商环境冲击巨大。抗击疫情时期,公共卫生安全将会成为衡量一个国家和地区营商环境水平的重要内容。但公共卫生安全非一国一地可以控制的,而是需要加强口岸间联防联控机制。

全球共治理论强调合作共治,实现治理效果的互利共赢。各国疫情管控的要求和措施不同,各地处置高风险的标准和隔离做法也不同。在此情形下,诸如制定共同隔离检疫规则、采用协商一致数据源和改进数据绘制方法等做法,对疫情之下寻求跨境合作与边境协调具有启发性。

《"十四五"规划》提出:"把安全发展贯穿国家发展各领域和全过程。"海关作为我国对外开放的"桥头堡"和先锋队,在新时代守好经济国门首先要坚持底线思维,保障经济安全是我们的第一要务。首先要全面分析国际经济形势,精准掌握我国当前面临的主要风险,以积极主动的精神、全面系统的谋划去化解影响经济安全的各类问题。其次要服务国家经济发展,把握好经济国门开放的主要矛盾和矛盾的主要方面,通过关税、监管等具体工作,有针对性、精准地服务国家发展大局和发展要求,促进我国"引进来"和"走出去"达到更高水平。

第四章　建设法治海关

　　党的十九大报告提出，全面依法治国是中国特色社会主义的本质要求和重要保障。是国家治理的一场深刻革命，必须坚持厉行法治，推进科学立法、严格执法、公正司法、全民守法；建设法治政府，推进依法行政，严格规范公正文明执法。海关是国家进出境监督管理机关。海关建设是国家建设的组成部分，法治海关是落实全面依法治国的必然逻辑。2018年，海关总署党委根据十九大精神，以习近平新时代中国特色社会主义思想为指导，提出了海关工作坚持"政治建关、改革强关、依法把关、科技兴关、从严治关"的"五关"建设新要求，"依法把关"作为其中之一，充分彰显了树立法律意识、依法执法、建设法治海关在海关工作中的重要地位。

第一节　新时代法治海关的基本内涵和重要意义

一、新时代法治海关的基本内涵

　　长期以来，法治建设在海关工作中一直占重要地位。从新中国成立初期，到改革开放年代，再到中国特色社会主义新时代，海关都强调依法行政，严格执法。

　　与国家不同时期的治国方略相适应，海关强调法治的侧重点不同，内涵也不同。党的十一届三中全会后，我国逐渐走上法治的轨道，先后经历了三个阶段：① 法制创建新时期（1978—1997年）。这一时期法治建设的重点在于恢复重建、全面修宪和大规模立法。② 依法治国新阶段（1997—2012年）。这一时期以党的十五大提出"依法治国，建设社会主义法治国家"为时间节点，确立了依法治国基本方略和依法执政基本方式，形成中国特色社会主义法律体系。③ 全面依法治国新时代（2012年至今）。这一时期以党的十八大为历史节点,中国特色社会主义进入新时代,中国法治也跨入新时代,确立了全面依法治国的方针。①

　　从改革开放之初法制创建新时期确立了"有法可依、有法必依、执法必严、违法必究"十六字方针,到全面依法治国新时代以习近平法治思想为指导,坚持全面推进"科学立法、严格执法、公正司法、全民守法"新"十六字"方针,标志着我国法治建设的进步和升华。科学立法是前提条件,严格执法是关键环节,公正司法是重要任务,全民守法是基础工程。我国逐渐完善中国特色社会主义法律体系,不断提高依法行政水平,日渐完善监察权、审判权、检察权运行和监督机制,不断促进司法公正,发挥法治固根本、稳预期、利长远的保障作用。推动了全社会共同参与,全社会法治观念不断增强,开展了法治宣传教育,在全社会弘扬社会主义法治精神,建设社会主义法治文化。

　　海关是国家在进出境领域履行监督管理职责的执法机关,承担着维护国家主权、安全和发展利益的重要任务。依法行政是海关履行职责的基本原则,建设法治海关是新时代海关的重要使命。法治海关建设是指海关以习近平法治思想为指导,包括科学的海关立法、严格的海关执法、完备的海关法治监督、全体海关人员树立法律意识并自觉守法等各个领域的一项系统工程。

二、法治海关建设历程

　　改革开放前,海关的指导方针制定、海关职能调整等随意性大。"文革"期间曾提出"海关是无产阶级国家机器的组成部分,是无产阶级专政的工具"②,并曾未经法定程序而取消了货运监管和征收关税两项海关传统职能,制度的严肃性、权威性不足。

　　改革开放后,海关逐渐从不断完善法制建设过渡到全面推进法治海关建设。海关作为行政机关,性质与立法机关、司法机关、监察机关等其他国家机关不同,功能主要是执行法律,让法律"落地",保障维护国家的政治秩序、经

---

① 张文显.中国法治 40 年:历程、轨迹和经验[J].吉林大学社会科学学报,2018(5).
② 王意家,甄鸣,孙国权.海关概论[M].广州:中山大学出版社,2000:105-107.

济秩序、市场秩序和社会秩序。具体来说,海关作为对进出境人员、货物、物品及运输工具进行监督管理的执法机关,应当依照法定职权、法定程序及有关法律、法规的规定做出行政行为,执行打击走私、征收关税、海关监管、海关统计、出入境检验检疫、知识产权边境保护、进出口贸易管制等相关的法律。

(一) 有中国特色社会主义海关时期

改革开放初期,1979 年海关确立的指导方针为:"依法监管征税,方便合法进出,制止走私违法,保卫促进四化。"这个方针改变了以往"海关保卫无产阶级专政和政治保卫作用"一味强调"保卫"的提法,弱化了防范色彩,其中特别强调了海关工作要"依法",对管理相对人行为要求"合法"。1986 年 1 月,与我国出口导向战略相适应,海关提出了"促进为主"的指导方针,强调海关要把工作重点放在促进对外经济贸易、科技、文化交流和对外交往活动上,既要促进进口,也要促进出口,重点在于出口,推动大进大出。1988 年,提出了建设有中国特色社会主义海关的决策,目标是"逐步建立起与加快经济建设和扩大对外开放相适应,与建立社会主义市场经济体制相配套,与国际海关通行做法相衔接,方便进出与严格管理有机结合的有中国特色社会主义海关的管理体系"①。有中国特色社会主义海关主要包含四层含义。第一,坚持集中统一,实行垂直领导。海关的国家属性决定,海关履行国家职能应当全国统一、对外统一。第二,坚持促进为主,搞好把关服务。提供公共产品、做好服务既是现代国家的重要职能,也是现代国家成长的营养源泉。没有充满活力的对外贸易市场,就没有强大的海关。第三,依法行政,科学管理。改革推进法制建设,法制巩固改革成果。改进管理手段,提高工作效率。第四,从严治关,提高海关干部素质。海关关员的法律素养和执法能力是保证海关职责完成的重要保障,加强队伍建设,保持清正廉洁,提升执法能力,是海关自始至终的任务。

这一时期是我国法制创建新时期,海关工作强调"依法",但海关法制建设难免存在着不足之处。

---

① 戴杰.支持扩大开放,促进经济建设,努力为巩固和发展我国社会主义制度服务——在 1993 年全国海关关长会议上的报告(1993 年 1 月 11 日)[J].海关研究,1993.(1).

（二）现代海关制度时期

党的十五大之后，海关于 1998 年作出了建立现代海关制度的决定。现代海关制度是对有中国特色社会主义海关的继承，是中国海关改革的新发展战略和发展纲要。其基本框架包括现代海关法制体系、企业守法管理体系、海关信息化管理体系、现代通关管理体系、严密的物流监控体系、现代海关调查体系、现代海关行政管理体系，以及海关公共关系体系等八大体系，其中现代海关法制体系居于首位，重要性突出。现代海关制度设计了中国海关两步走发展战略：从 1998 年到 2003 年为第一步，以通关作业改革为突破口，通过管理理念、管理制度、管理方法和管理手段的现代化，实现海关的"四肢协调"，即海关各层级、各部门及其相关人员互相配合、协调运行；第二步从 2004 年到 2009 年，在原来"四肢协调"的基础上，以风险管理为核心，实现"耳聪目明"海关，能够对进出境活动进行快速精准识别并予以应对。

2001 年，海关提出了"依法行政，为国把关；服务经济，促进发展"的新方针，在强调法治的基础上，又体现了发展的要求。海关的定位是执法机关，"依法行政"是海关工作的基本准则；海关只有严格依法办事的义务，没有超越法律、自行其是的权力。任何违反法律的"灵活变通""法外施恩"和滥用职权、侵犯当事人合法权益的行为都是不能允许的。同时明确海关的国家立场，反对地方利益和其他利益集团立场。"认清海关是国家经济大门的守门员，增强为国把关的责任感和使命感，充分发挥海关职能作用，捍卫国家经济安全，构筑中华民族的经济钢铁长城。必须把国家利益放在第一位，任何时候都不能背离职守，超越权限，以避免局部利益损害国家全局利益。"①2009年，海关提出了构建海关大监管体系的战略，目标是加强海关工作的整体性，进一步优化海关治理体系，提升治理能力。2011 年，海关提出了"把好国门、做好服务、防好风险、带好队伍"的"四好"总体要求："把好国门，是海关的职责所在；做好服务，是海关促进科学发展的必然要求。……防好风险是对海关工作的底线要求；带好队伍，是海关发展的组织保证。"②"四好"总体要求是

---

① 钱冠林.在全国海关关长会议上的讲话(1999 年 1 月 25 日)[J].海关研究,1999(1).
② 于广洲.把好国门、做好服务、防好风险、带好队伍，努力开创海关工作新局面——在全国海关工作会议上的讲话(2011 年 7 月 17 日)[J].海关研究,2011(4).

在新的对外贸易形势下,特别是从强调出口到强调进出口平衡的背景下,中国海关如何促进贸易从粗放式增长向集约化增长,如何加强内部建设的一个整体方案。这个方案中也包含着加强海关法制建设。

这一时期,海关法制不断完善,并逐渐向法治海关建设过渡。

[案例]　厦门远华特大走私案

厦门远华公司负责人赖昌星等人在 1996—1998 年期间在厦门地区大肆走私进口成品油、植物油、汽车、香烟等货物,同时用金钱、美色等手段拉拢、贿赂厦门海关关长杨前线等各级党政领导人,内外勾结,国门失守,最后赖昌星走私集团在此期间走私价值人民币 530 亿元,偷逃税款 300 亿元。[①] 与此形成鲜明对比的是,厦门海关 1998 年全年的税收才 20 多亿元人民币。[②] 案发后,赖昌星潜逃至加拿大十余年,于 2011 年 7 月被遣返回国受审。2012 年 5 月,赖昌星以走私普通货物罪、行贿罪被判处无期徒刑,剥夺政治权利终身,并处没收个人全部财产。厦门海关原关长杨前线因犯受贿罪、放纵走私罪,一审被判处死刑,剥夺政治权利终身,并处没收个人全部财产。其他涉案海关关员 100 多人也受到了相应处罚。

(三) 社会主义现代化海关时期

党的十八大之后,海关于 2014 年 11 月出台了《海关全面深化改革总体方案》。全面深化改革的总体目标是:建设中国特色社会主义海关,以构建一体化通关管理格局为抓手,转变职能实现方式,创新组织管理,打造先进的、在国际上最具竞争力的海关监管机制,促进贸易安全与便利,推进海关治理体系和治理能力现代化。全面深化改革总体方案离不开法治海关建设。

十九大以来,中国海关以习近平新时代中国特色社会主义思想为指引,强化监管优化服务,锻造"政治坚定、业务精通、令行禁止、担当奉献"的准军事化纪律部队,全面推进"五关"建设,健全马上就办、真抓实干、锲而不舍、一以贯之的办实事精神,努力建设新时代中国特色社会主义新海关。依法把

---

① 高融昆.中国海关的制度创新和管理变革[M].北京:经济管理出版社,2002:35.
② 厦门海关原关长毛新堂说,该关 2003 年税收是 97.5 亿元,是 1998 年的 3.83 倍。参见毛新堂所著《我所走过的五年海关历程》,收录于中国海关学会编《五年回顾教育论文集》(2004)。

关,建设法治海关,是"五关"建设的内容之一。

随着国际上贸易保护主义抬头,2018 年起中美两国贸易摩擦加剧,在国内进出口企业面临转型升级压力,海关与检验检疫机构合并,关检融合的形势下,"五关建设"特别强调"改革"与"科技"这两个要素,目的在于加强海关制度改革与创新,并充分运用最新科技成果,更加高效地履行新海关职能。

2021 年 6 月,中国海关发布了《"十四五"海关发展规划》,确定海关 2035 年的发展目标是基本建成社会主义现代化海关。这个时期,法治海关建设全面推进,制度创新和治理能力建设现代化水平显著提高,开放监管能力显著增强。全面推进法治海关建设,"依法把关"意味着开启全面依法"治关",包括海关立法、海关执法、海关执法监督、海关关员树立法律意识并自觉守法、营造良好法治环境等各个环节。

三、法治海关建设的意义

(一)进出口货物贸易新形势需要法治

据海关总署发布的数据,2021 年我国外贸进出口总值 39.1 万亿元,比上一年的 32.16 万亿元人民币增长了 21.4%[①],比 1950 年的 11.35 亿美元[②]增长了 4 600 多倍。我国已成为全球货物贸易第一大国。与此同时,外贸主体越来越多元化,除了国有企业,还包括民营企业和外商投资企业。贸易伙伴范围更加广泛,覆盖了欧盟、美国、日本、韩国、东盟、"一带一路"沿线国家等全球各个地区。贸易方式更加优化,既有一般贸易,也有加工贸易,还有跨境电商、数字贸易等新型贸易业态。进出口产品中既有劳动密集型产品,也有技术密集型产品。全国海关关员队伍从 1950 年的 4 571 人[③],发展到 2021 年的近 10 万人。

海关作为进出境监督管理机关,经历进出口贸易七十余年的重大变化,面临量大、复杂的进出口贸易态势,运用"人治""德治"无法进行有效治理,只

[①]　参见 http://www.customs.gov.cn/customs/ztzl86/302414/302415/4132265/4132266/4138765/index.html,2022 年 3 月 7 日访问。
[②]　傅自应.中国对外贸易三十年[M].北京:中国财政经济出版社,2008:19.
[③]　姚永超、王晓刚编.中国海关史十六讲[M].上海:复旦大学出版社,2014:221.

有运用规范、明确的法律规则,实行法治化治理,才能保证进出口活动有序通关、便利高效。

(二) 生物安全、知识产权保护等国门非传统职能需要法治

2020 年起,新冠疫情在全球肆虐,习近平总书记在中央全面依法治国委员会第三次会议上强调,疫情防控正处于关键时期,依法科学有序防控至关重要。疫情防控越是到最吃劲的时候,越要坚持依法防控,在法治轨道上统筹推进各项防控工作,全面提高依法防控、依法治理能力,保障疫情防控工作顺利开展,维护社会大局稳定。

冷战结束之后,特别是进入 21 世纪以来,随着全球化的深入,进出境商品种类越来越多样,进出境的各种货物、物品、运输工具,以及自然人都有可能携带给国家安全带来潜在破坏的病菌以及生物产品。"随着中国打开国门走向世界,成为世界第二大经济贸易体和第一贸易大国,各种与人的安全和社会安全直接相关的'不定时炸弹'的种类品名繁多。这些'不定时炸弹'除了与各类出入境的工业产品、医用药品、生活用品及食品相关,还与动植物、人体携带的病菌的传入传出以及各类生物产品的引入、进入或侵入等相关。"[①]与此同时,以民族国家之间军事冲突为主要内容的传统安全问题慢慢退隐,而以非政府组织、跨国犯罪集团等为主体的跨境非法贸易、走私、恐怖主义,以及传染病传播等非传统安全问题日渐凸显,知识产权边境保护、打击出口骗税、防核扩散、反洗钱、反恐等非传统职能是未来海关面临的重大挑战。要应对这些挑战,除了法治别无他法。

[案例] 义乌市某进出口公司侵犯商标案

2020 年 7 月 7 日,义乌市某进出口公司以市场采购贸易方式向杭州海关下属义乌海关申报出口枕芯、纸盒等一批小商品至伊拉克。经海关关员查验,发现集装箱内有一批使用"Pfizer"(图形)标志的药品包装盒、说明书。查验关员判断存在不法分子将药品胶囊与包装物分开藏匿的可能性,随后对集装箱底部和后端进行彻底查验。经彻查清点,累计查

---

① 余潇枫.非传统安全治理能力建设的一种新思路——"检验检疫"的复合型安全职能分析[J].人民论坛·学术前沿,2014(5).

获使用"Pfizer"标志的药品胶囊 49 300 板、药品包装盒 95 950 个、药品说明书 71 400 张,货物价值人民币 201 690 元。经商标权利人辉瑞产品有限公司确认,该批药品胶囊、包装盒、说明书均为侵权产品。义乌市某进出口公司出口上述货物的行为已构成出口侵犯他人商标专用权货物的行为。

依照相关法律规定,义乌海关对该批药品胶囊和包装物进行扣留,并于 2020 年 11 月 5 日做出行政处罚决定,没收上述标有"Pfizer"商标的药品、药品说明书、药品包装盒,并对义乌市某进出口公司处以罚款人民币 30 260 元。

(三) 应对贸易保护主义等逆全球化行为需要法治

进入新时代,全球经济出现下行趋势,特别是受新冠疫情的影响,许多国家经济出现负增长,各国贸易保护主义抬头,有的国家推出更加隐蔽的技术性贸易壁垒,制造贸易摩擦的事件,阻碍我国产品出口,影响国家经济安全。逆全球化与全球化共存并行,海关面临着更加复杂的形势。

为了与贸易保护主义作斗争,捍卫贸易自由化和多边贸易体制,海关必须依照国内法律和国际法律,有理有节地维护我国利益。习近平总书记指出:"要统筹推进国内法治发展和涉外法治,加快涉外法治工作战略布局,协调推进国内治理和国际治理,更好维护国家主权、安全、发展利益。要正确处理国内法治和涉外法治的关系,更好地运用国内规则和国际规则两个规则体系维护我国的合法利益,为中国的繁荣富强、持续稳定发展构建一个良好的外部环境。"[1]在全球化时代,国与国之间相互交流、相互促进、相互依存,任何一国都无法单打独斗而独善其身。海关处在对外开放的第一线,在处理国与国之间关系过程中,必须运用涉外法治,维护以联合国为核心的国际体系,以联合国宪章宗旨和原则为基础的国际法基本原则和国际关系基本准则,维护以国际法为基础的国际秩序,共同应对全球性挑战,促进共同发展。

---

① 《习近平法治思想概论》编写组.习近平法治思想概论[M].北京:高等教育出版社,2021:209.

第二节　新时代法治海关建设的新使命

习近平总书记指出,全面依法治国是国家治理的一场深刻革命,必须坚持厉行法治,推行科学立法、严格执法、公正司法、全民守法。① 《"十四五"海关发展规划》提出,全面推进法治海关建设,学习贯彻习近平法治思想,强化法治意识,弘扬法治精神,完善海关法律制度体系,坚持依法行政,全面加强依法把关,营造更加规范有序、公平高效的执法环境,为社会主义现代化海关建设提供有力法治保障。

一、科学立法

依法治国首先要有完备而良好的法律。习近平总书记指出:"人民群众对立法的期盼,已经不是有没有,而是好不好、管用不管用、能不能解决实际问题;不是什么法都能治国,不是什么法都能治好国;越是强调法治,越是要提高立法质量。这些话是有道理的。我们要完善立法规划,突出立法重点。"②

目前,我国已形成了涵盖法律、行政法规、部门规章以及其他规范性文件等在内的海关法律体系,具体包括:

(一)法律

由全国人民代表大会及其常务委员会制定,并由国家主席签署命令颁布施行的规范性文件,有《中华人民共和国海关法》(以下简称《海关法》)、《中华人民共和国关衔条例》《中华人民共和国进出口商品检验法》《中华人民共和国动植物检疫法》《中华人民共和国国境卫生检疫法》《中华人民共和国食品安全法》六部。其中《海关法》规定了海关的机构设置、组织体系、领导关系;规定了海关的职责、任务,海关的权力及其限制;规定了海关监督管理活动的基本方针、基本原则、具体内容和工作制度;规定了违反《海关法》的行为(包

① 习近平.决胜全面建成小康社会 夺取新时代中国特色社会主义伟大胜利——在中国共产党第十九次全国代表大会上的报告[M].北京:人民出版社.2017:38.
② 中共中央文献研究室编.习近平关于全面依法治国论述摘编[N].北京:中央文献出版社,2015:43.

括走私行为及其他违反海关管理规定行为）及其应受的处罚方式（包括刑事处罚和行政处罚）；还专门设置了有关海关执法监督的规定，要求海关及海关人员文明执法，方便合法进出，对海关人员徇私舞弊或拖延验放、刁难当事人等行为要严厉惩罚等。《海关法》为海关全面、正确履行国家赋予的职能提供了最基本的法律依据，是海关法律体系的中心和统领。此外，从法律适用的角度来看，海关执法还涉及其他更多的法律。[①]

（二）行政法规

行政法规是指由国务院制定，并由国务院总理签署命令颁布施行的规范性文件，法律效力仅次于法律。目前，我国有《中华人民共和国货物原产地条例》《中华人民共和国进出口关税条例》《中华人民共和国海关事务担保条例》《中华人民共和国进出口商品检验法实施条例》《中华人民共和国进出境动植物检疫法实施条例》《中华人民共和国国境卫生检疫法实施细则》《中华人民共和国海关行政处罚实施条例》等规范海关管理的行政法规 20 多部。

（三）行政规章

行政规章是指由海关总署或者海关总署会同国务院有关部、委、办制定，并由海关总署署务会议通过、海关总署署长签署命令颁布施行的规范性文件。在法律位阶上，行政规章的法律效力低于法律、行政法规。《中华人民共和国海关进出境运输工具监管办法》《中华人民共和国海关进出口货物减免税管理办法》《中华人民共和国海关对进出境旅客行李物品监管办法》《中华人民共和国海关关于〈中华人民共和国知识产权海关保护条例〉的实施办法》《进出口汽车检验管理办法》《出入境人员携带物检疫管理办法》等 200 多项海关行政规章，是为执行《海关法》等涉及海关管理的相关法律、行政法规、决定、命令的事项而制定，目的在于实施海关法律规范设定的各项海关监督管理任务。

---

① 如《中华人民共和国对外贸易法》等与进出口相关的贸易法律规范，《中华人民共和国船舶吨税法》等与海关执法过程中税费征收相关的税费法律规范，以及《中华人民共和国出口管制法》《中华人民共和国生物安全法》等，都是与海关执法存在关联的法律规范。

（四）其他规范性文件

海关总署制定的，未按总署令排列的，具有普遍约束力的命令、决定、规定、公告等，构成了直属海关、隶属海关等各级海关日常工作的重要执法依据，在海关行政执法领域发挥着巨大的作用。

（五）我国签订或缔结的国际海关条约或公约

我国参加或签订的国际海关条约或公约，譬如《京都公约》(International Convention on the Simplification and Harmonization of Customs Procedures，又称 Revised Kyoto Convention，简称 RKC)、《贸易便利化协定》(Agreement on Trade Facilitation，简称 TFA)、《国际卫生条例》(International Health Regulatioin，简称 IHR)等，在国际层面由多边主体签订。

上述由法律、行政法规、行政规章及规范性文件等组成的法律体系为法治海关建设奠定了基础。但是，对标法治海关完备而良好法律体系的标准，根据社会经济发展以及对外贸易新形势，海关法律仍然有待进一步完善。比如：需要制定新的《中华人民共和国关税法》，关检融合后相关制度需要统一、更新；《中华人民共和国国境卫生检疫法》《中华人民共和国进出境动植物检疫法》等原有的部分法律需要修改或废止等。就涉外海关法律来说，要积极参与世界贸易组织、世界海关组织等国际贸易规则制定和治理体系建设，并建立动态调整机制，使法律体系更加完善、更加符合海关实际。全面清理不符合简政放权要求的内容，进一步厘清海关职权，把不该管的坚决放手，把该管的坚决管住管好。系统推进立改废释，逐步形成以海关法为核心的系统完备、科学规范、运行有效的海关法律制度体系。

二、严格执法

"徒法不足以自行。"有了完备的法律，还要让法律落到实处。把好国门，更要做到严格执法。党的十八届四中全会提出，"法律的生命力在于实施，法律的权威也在于实施"。习近平总书记指出："如果有了法律而不实施，或者实施不力,搞得有法不依、执法不严、违法不究,那制定再多法律也无济于事。"[1]海关权力范围广泛,不但拥有征收关税及进出口税费、查缉走私、海关监管、海关统计等传统职权,还拥有进出口商品检验、出入境卫生检疫、出入境动植物检疫、进出口食品安全监管、知识产权边境保护、生态环境保护、防核扩散、反恐等非传统职权。同时,海关职权拥有较大自由裁量性和主观性,在行使权力时,任何随意性或滥用都将导致国家利益或管理相对人的权益受到侵害,从而威胁法治海关建设。行使海关权力应遵循以下基本原则。

(一) 合法原则

权力的行使要合法,是依法行政原则的基本要求。根据行政法原理,海关在行使其权力时,其合法性至少包括下列内容:

1. 主体资格合法

即行使权力的主体必须有法律授权。譬如涉税走私犯罪案件的侦查权,只有缉私警察才能行使,海关其他人员无此项权力。又如《海关法》规定海关行使某些权力时"应经直属海关关长或者其授权的隶属海关关长批准",隶属海关经直属海关关长授权的隶属海关关长批准后,行使上述权力的法律责任由直属海关承担。若隶属海关超越职权,未经直属海关关长授权,径行行使上述权力的,或者未经直属海关关长或者其授权的隶属海关关长批准,该行为则无效,法律后果由相关人员承担。其中的"授权",不仅仅指一事一授权,也包括一般性授权,这是为保证海关执法的有利时机和有效性,保障行政效率的需要。

2. 内容合法

海关行使权力要有法律规范为依据,依法行政。《海关法》第二条规定,海关行使职权的依据是《海关法》及其他有关的法律、行政法规,没有法律规范依据的执法行为,属于越权行为,应属无效,"法无授权不可为"。同时,对于法律规定的职责和任务,必须予以落实执行,"法定职责必须为"。海关做出的每一项行政行为都要有事实依据,针对管理相对人作出行政决定时,认

---

① 习近平.论坚持全面依法治国[M].北京:中央文献出版社.2020:20-21.

定的事实与行为定性之间要有必然逻辑关系，不能似是而非。如空姐李某代购走私案中，对于偷逃的税款金额认定，应严格按照刑事诉讼法要求，不能凭主观臆断。

3. 程序合法

海关行使权力不仅要符合实体法，还要符合执法方法、手段、步骤、时限等程序法要求。海关执法时应严格按照法定权限和程序行使执法权力、履行执法职责，加大行政执法力度，保证严格执法。根据国务院全面推行"三项制度"的指导意见，即行政执法公示制度、执法全过程记录制度、重大执法决定法制审核制度，海关予以落实落细，发挥"三项制度"对促进严格规范公正、文明执法的基础性、整体性作用。进一步完善执法程序，细化执法流程，明确执法步骤、环节和时限，使用法定执法文书，保证规范执法。

4. 若有违法行为，应承担相应的法律责任

依法保障海关管理相对人的行政复议、行政诉讼等权利，经复议或诉讼一旦确认海关行为违法，海关应依法承担责任。海关应当纠正违法或不当执法行为，提高行政复议能力和行政诉讼应诉水平。完善重大行政诉讼案件挂牌督办制度，强化制度执行力。探索建立多元行政争议化解机制，努力实现执法效果最大化。

近年来，海关通过行政复议听证、调查等方式，切实提高办案质量，通过撤销案件和制发行政复议意见书，加大内部纠正力度。数据显示，海关每年办理200余起行政复议案件，保持约20%的纠错率，不断提升行政复议公信力，妥善化解行政争议，维护人民群众合法权益。[1]

（二）合理原则

现实生活不断发展变化，立法通常滞后于现实生活。海关监督管理活动涉及面很广，为了使海关管理活动有序而又高效地进行，国家给予海关在验、放、征、减、免、罚等管理活动中适当的自由裁量权，即法律仅规定一定原则和幅度，海关关员可以根据具体情况和自己的意志，自行判断和选择，采取最合适的行为方式及其内容来行使职权。但这种自由裁量权的行使必须体现法

---

[1]　弘扬法治精神开创海关法治建设新局面[N].法治日报，2020-12-23.

律的公平、公正、正义之理念,即法律的合理原则。

习近平总书记指出,"现实生活中出现的很多问题,往往同执法失之于宽、失之于松有很大关系。涉及群众的问题,要准确把握社会心态和群众情绪,充分考虑执法对象的切身感受,规范执法言行,推行人性化执法、柔性执法、阳光执法,不要搞粗暴执法、'委托暴力'那一套。但是,不论怎么做,对违法行为一定要严格尺度、依法处理"①。海关将推行柔性、理性执法,推行行政执法案例指导制度,通过典型案例规范同类执法行为、统一同类执法尺度、消除同类执法隐患。

海关行为合理原则是对合法原则之补充。为了防止乱用或滥用合理原则,即随意使用自由裁量权,海关建立完善行政裁量权适用规则和基准制度,根据《中华人民共和国行政处罚法》的要求,推动行政处罚裁量基准向社会公开,严格规范执法裁量权的行使,保证公正执法。规范案件审理委员会运作,强化对重大案件、执法决定的集体审议,确保依法行政。此外,还通过行政复议程序和行政诉讼程序对自由裁量权进行监督,上级海关可以对下级海关的行为进行监督审查。审判机关拥有行政纠纷的终裁权,海关行使权力造成行政行为明显不当的,人民法院可以予以撤销或纠正。

(三) 保障原则

海关依法行使权力是履行法定职责,实现国家职能,应受到相应保障。《海关法》第七条规定,各地方、各部门应当支持海关依法行使职权,不得非法干预海关的执法活动。第十二条规定,海关依法执行职务,有关单位和个人应当如实回答询问,并予以配合,任何单位和个人不得阻挠。海关执行职务受到暴力抗拒时,执行有关任务的公安机关和人民武装警察部队应当予以协助。

海关作为执法部门,依法把关是海关工作的基本准则和生命线,按照宪法法律认真履行法定职责,坚持"法定职责必须为、法无授权不可为"的原则,将形成新的权责清单,提升海关执法统一性规范性,进一步规范行政裁量权;规范公正文明执法,强化有法必依意识,让广大进出口企业和人民群众在海

---

① 中共中央文献研究室编.习近平关于全面依法治国论述摘编[M].北京:中央文献出版社.2015:58.

关执法中感受到公平正义;加强执法大检查,定期对系统执法情况开展督促检查,确保海关执法工作在法律的框架内进行。

[案例] 空姐代购走私案

2012 年北京市第二中级人民法院认定,2011 年 4 月至 8 月间,离职空姐李某与褚某预谋,由褚某提供韩国免税店账号,并负责在韩国结算货款,由李某伙同男友石某多次在韩国免税店购买化妆品等货物,并采用以客带货的方式从沈阳仙桃机场、北京首都机场无申报通道携带入境,偷逃海关进口环节税共计 110 万元。其中一部分是两次走私被当场查出的现货,涉及偷逃税款 11 万元;另一部分是根据淘宝网店订单推算的税款 109 万元。2012 年 9 月,北京市第二中级人民法院作出一审判决:李某犯走私普通货物罪,判处有期徒刑 11 年,并处罚金人民币 50 万元。

李某不服,向北京市高级人民法院提起上诉。北京市高级人民法院经审理后于 2013 年 5 月做出了裁定:一审判决认定的事实不清,证据不足,裁定发回重审。发回重审后,海关重新认定,有实际货物部分偷逃税款约为 8 万元。2013 年 12 月 17 日,北京市第二中级人民法院重审宣判,李某伙同他人采用以客带货的方式从机场无申报通道将化妆品等货物携带入境,偷逃税款 8 万余元,构成走私普通货物罪,判处有期徒刑 3 年,并处罚金 4 万元。

另外,北京市第二中级人民法院还以走私普通货物罪,对另外两名同案被告褚某、石某分别判处有期徒刑 2 年 6 个月和 2 年 4 个月,并均处罚金 2 万元。

三、全面监督

为了确保海关能够严格依法行政,保证国家法律、法规得以正确实施,使当事人的合法权益得到有效保护,海关权力必须受到广泛监督。我国建立了针对包括海关在内的所有行政机关的监督体系,包括外部监督和内部监督。《"十四五"海关发展规划》把"行政权力监督制约机制更加严密有效,法治实施保障更加协同有力"作为法治海关建设目标之一。目前海关外部监督有中国共产党的监督、国家最高权力机关的监督、国家最高行政机关的监督、监察机关的监督、司法机关的监督、管理相对人的监督及社会监督等；内部监督有层级监督、审计监督以及专门监督等。下面选择其中几种监督予以介绍。

（一）监察机关的监督

根据《中华人民共和国监察法》的规定，监察机关有权对行使公权力的公职人员进行监察，调查职务违法和职务犯罪，开展廉政建设和反腐败工作。《海关法》第七十五条规定，海关及其工作人员的行政执法活动，依法接受监察机关的监督。监察机关对海关的监察属于法定的专门监督。按照监察机关的管辖职权，国家监察委员会以及中央纪律检查委员会派出专门机构入驻海关行使监察权，即中央纪委国家监委驻海关总署纪检监察组负责监察海关总署及全国海关工作。

（二）层级监督

层级监督是指基于行政隶属关系，由上级对下级进行检查和督促。《海关法》第七十七条规定，上级海关应当对下级海关的执法活动依法进行监督。上级海关认为下级海关作出的处理或者决定不适当的，可以依法予以变更或者撤销。

2021年，海关总署办公厅制定了《海关领域基层政务公开标准指引》，提升基层政务公开标准化、规范化水平，提高海关工作透明度和公众参与度，努力打通海关服务企业群众的"最后一公里"。

（三）对海关的专门监督

除了上述监督方式，鉴于海关工作的特殊性，《海关法》还设置了对海关的专门监督。

1. 把接受监督设定为海关基本义务

《海关法》第七十一条规定，海关履行职责，必须遵守法律，维护国家利益，依照法定职权和法定程序严格执法，接受监督。

2. 要求海关加强队伍建设

《海关法》第七十三条规定，海关应当根据依法履行职责的需要，加强队伍建设，使海关工作人员具有良好的政治、业务素质。海关专业人员应当具有法律和相关专业知识，符合海关规定的专业岗位任职要求，海关应当有计划地对其工作人员进行政治思想、法制、海关业务培训和考核。海关工作人员必须定期接受培训和考核；经考核不合格的，不得继续上岗执行职务。并要求海关应当依照有关法律、行政法规的规定，建立健全内部监督制度，对其工作人员执行法律、行政法规和遵守纪律的情况，进行监督检查。

3. 对完善海关内部的工作机制提出明确要求

《海关法》第七十九条规定，海关内部负责审单、查验、放行、稽查和调查等主要岗位的职责权限应当明确，并相互分离、相互制约。加强"制度＋科技"运用，升级完善查验异常结果处置、稽查业务管理、缉私案件管理等系统，持续推进权力行为进系统、标准化、留痕迹、可追溯。

（四）对海关工作人员的监督

行政机关职责的履行和权力的行使是由公务员的行为来具体体现的，海关权力由海关公务员行使。海关公务员是指在海关依法履行公职、纳入国家行政编制、由国家财政负担工资福利的工作人员。世界各国大都通过立法来规定公务员的权利、义务和纪律，防止滥用权力，促进依法行政。《中华人民共和国公务员法》（以下简称《公务员法》）、《海关法》等法律法规既是保护海关公务员合法权益的"护身符"，也是防止其滥用职权的"紧箍咒"。

1. 对海关关长的监督

我国公务员分为领导职务和非领导职级两类。海关关长属于领导职务公务员，也是一关的领导成员。《海关法》第七十四条规定，海关总署应当实行海关关长定期交流制度。海关关长定期向上一级海关述职，如实陈述其执行职务情况。海关总署应当定期对直属海关关长进行考核，直属海关应当定期对隶属海关关长进行考核。

把海关各单位"一把手"和领导班子履行主体责任、落实"一岗双责"和从严管理监督干部情况，列入领导班子和领导干部考核、考察以及总署党委巡视、选人用人监督检查。

2. 对海关一般公务员的监督

海关公务员与其他公务员一样,享受公务员法规定的权利,履行公务员法规定的义务,遵守公务员法规定的纪律。此外,海关公务员还必须接受更多的纪律约束。《海关法》第七十二条规定,海关工作人员必须秉公执法,廉洁自律,忠于职守,文明服务,不得有包庇、纵容走私或者与他人串通进行走私,索取、收受贿赂等行为。由此,为了严格执法,海关坚持全面监督和风险导向相结合原则,重点加强企业管理、保税监管和稽核查的执法监督工作,推动执法监督工作体系化、标准化、信息化建设。

严格执法永远在路上。海关目前虽然已经有了较全面的监督制度,但是执法失之于宽、失之于松的情况依然存在,执法不公的事件仍有发生,所以,海关将不断加大执法监督力度,提高监督实效,建设法治海关。

四、提升关员法律素养,营造良好法治环境

法治海关离不开一支拥有较高法律素养的海关队伍,也离不开良好的法治环境。我国海关非常重视加强海关队伍建设,提高海关队伍的法律素质,提高依法行政水平,严格规范公正文明执法,强化有法必依意识,使广大进出口企业和人民群众在海关执法中感受到公平正义,提高法治海关建设成效。并通过法制培训工作,进一步提升全员执法能力。截至 2020 年底,海关总署共举办提升执法能力培训班 5 859 期,8.6 万人次参训,累计近 91 万人次参加线上培训,组织开展 13 期"模拟法庭"巡回展示活动。2020 年,海关依托"12·4"国家宪法日,开展"宪法宣传周"活动,学习宣传习近平法治思想,宣传民法典等法律法规。① 只有让每位海关工作人员法律素养提高了,拥有自觉的法律意识和丰富的法律知识,成为尊法、学法、守法、用法的模范,才能严格规范公正文明执法,更好地完成新时代海关各项职责和任务。

法治海关建设是个"一体两面"的工程,除了海关及其工作人员法律素养及执法能力提高,还包括让进出口企业及个人等管理相对人知法、守法,从而推动违法案件减少。海关还落实"谁执法谁普法"普法责任制,大力实施普法规划,利用"4·15 国家安全教育日""4·26 知识产权海关保护宣传周"

---

① 弘扬法治精神开创海关法治建设新局面[N].法治日报,2020-12-23.

"8·8 海关法治宣传日""12·4 国家宪法日"等主题普法活动,充分利用海关各普法时间节点,让广大进出口企业及相关人员知法懂法,提升海关普法针对性和实效性,营造良好法治环境,扩大海关法治文化的覆盖面和影响力。

诚然,提升关员法律素养以及营造良好法治环境不能一蹴而就,需要海关持续不断地投入和推进,还需要每一名海关工作人员共同努力,才能建设积极向上、守法专业、风清气正的海关法治文化。

第三节　法治国门建设与青年人的家国情怀

党的十九大报告指出,"青年兴则国家兴,青年强则国家强。青年一代有理想、有本领、有担当,国家就有前途,民族就有希望。中国梦是历史的、现实的,也是未来的;是我们这一代的,更是青年一代的。中华民族伟大复兴的中国梦终将在一代代青年的接力奋斗中变为现实"。新时代海关建设,离不开青年人的奉献与担当,更离不开青年人的法治思维。

一、新时代青年要树立法治思维

党的十八届四中全会通过的《中共中央关于全面推进依法治国若干重大问题的决定》指出,"党员干部是全面推进依法治国的重要组织者、推动者、实践者,要自觉提高运用法治思维和法治方式深化改革、推动发展、化解矛盾、维护稳定能力,高级干部尤其要以身作则、以上率下"。党的十九大提出,"增强政治领导本领,坚持战略思维、创新思维、辩证思维、法治思维、底线思维,科学制定和坚决执行党的路线方针政策,把党总揽全局、协调各方落到实处"。

"法治思维"与人治思维相对,以"是否合乎法"作为想问题、出对策、办事情的出发点和前提条件,强调合法是衡量海关一切行为的前提、依据和标准。习近平总书记曾言简意赅地指出:"说话做事要先考虑一下是不是合法。"①法治思维应成为每一名海关工作人员一切工作的前提方法和思维习惯,树立起

---

① 中共中央文献研究室.习近平关于全面依法治国论述摘编[M].北京:中央文献出版社,2015:124.

法律至上的理念,在思想观念及社会生活中建立起法律的最高权威。新时代青年是民族的未来,是海关事业的接班人,更要具有法治思维。

首先,法治思维是法律规则思维,即根据既有的法律条文规定得出一个解决问题的结论,遇事首先想到的就是法律规定与标准,在遵守相关明文规定的前提下,考虑解决问题的方法或者处理方式,并处理相关事件。法律规则思维也是底线思维。作为一名海关关员,无论是工作行为还是个人言行举止,都要以法律为尺度,以不突破法律规定为底线。

其次,法治思维是法律价值思维。法律人不是法律机器,不能仅仅考虑法律如何规定而不考虑公平、正义、合理等价值判断。海关人员作为执法者,应注意法律效果和社会效果的统一,注重人民群众对公平正义的感受,避免机械办案、避免法律效果与社会效果的不统一。如果不以公平正义作指引,一味呆板地从法律条文规定出发进行征税、处罚等执法活动,那么貌似精准地适用法律,实则是机械执法,有时甚至牺牲了公平、正义。海关执法只有在公平、正义的指引下并以公平、正义为依归,法治思维才能更显示其专业性和精准性,才能真正体现依法行政的精髓。

再次,法治思维是法律程序思维。法律程序不直接规定法律关系主体实体上的权利和义务,但规定了法律行为的步骤、时限、顺序、方式等过程要求。程序法律与实体法律共同构成了一国法律体系,是法治的半壁江山。长期以来,海关执法"重实体""轻程序","重结果""轻过程",导致了许多执法不公案件。正当法律程序在法治建设和法治保障过程中具有重要作用。"正是程序决定了法治与恣意的人治之间的基本区别。"①"程序是法治的构成性要素:没有程序,就没有商谈;没有商谈,就没有法治;没有法治,就无法进行有效的社会整合;缺乏有效的社会整合,因价值分歧和社会冲突所导致的现代社会的分裂将无法弥合,社会也将难以存续。"②正当法律程序以其拥有公开性、平等性、民主参与性、可预期性等内在价值而制约权力滥用,从而保障权利实现。正当法律程序是法治思维的必要元素,法治海关建设不能丢弃法律程序思维。

---

① 季卫东.法律程序的意义——对中国法制建设的另一种思考[J].中国社会科学,1993(1).
② 雷磊.法律程序为什么重要?反思现代社会中程序与法治的关系[J].中外法学,2014(2).

二、新时代青年应胸怀公平正义的理念

公平正义是法律的灵魂。习近平总书记指出,"必须牢牢把握社会公平正义这一法治价值追求,努力让人民群众在每一项法律制度、每一个执法决定、每一宗司法案件中都感受到公平正义"①。海关工作人员代表国家行使执法权应秉承公平正义的理念,新时代青年更应拥有公平正义的情怀。

一段时间以来,一部分人以个人主义为指导,信奉利己主义、拜金主义,丧失起码的公平心、公正心、公益心,成为精致的利己主义者,甚至沦为贪赃枉法的犯罪分子。海关关员作为国门卫士代表国家行使公权力,必定是以公共利益为价值取向,以公平合理为执法依据,反对私人利益凌驾于公共利益之上,特别反对损公肥私,以权谋私。

海关拥有扣、罚、减、免、放等执法权力,在许多执法过程中拥有自由裁量权。扣不扣、罚不罚、罚多少、放不放,海关人员该如何选择? 在法律规定的范围内,要以国家利益、公共利益为出发点和归宿,以公平、公正为指针。信仰法治、坚守法治,树立惩恶扬善、执法如山的浩然正气,严格秉公执法。执法为民、执法便民,把保障国家和人民利益作为执法工作的目标,把公正作为评判一切法律规范和执法行为价值尺度,譬如坚持"过罚相当""同案同罚"等,绝不草率执法、趋利执法。

三、新时代青年应拥有忠诚奉献精神

海关是国家的大门,法治海关就是依法维护国家的主权、安全和发展利益。我国的边境线漫长而曲折,有些边关地处雪域高原、偏僻北疆,甚至边远海岛,地理环境复杂,生活条件艰苦,而且有些基层海关业务是枯燥、繁重的重复性劳动,海关工作常常面临各种危险和风险的考验。"法无授权不可为,法定职责必须为"。艰苦危险岗位的职责也是法定职责,面对祖国在这些艰苦岗位的召唤,新时代青年要有忠诚于海关事业的赤子之心,坚定理想信念,

---

① 习近平.加强党对全面依法治国的领导[J].求是,2019(4).

不畏艰险,拒绝推诿,迎难而上。

新时代青年应当做守法把关的榜样和模范树立高尚的情操;面对利益诱惑,坚持底线思维,不做违法犯罪的反面教材。怀着到祖国需要的地方建功立业的豪情壮志,担当奉献,在平凡的岗位上做出不平凡的业绩,既是新时代对青年的要求,也是法治海关的要求。

[案例]　涂某走私淫秽物品案

涂某,户籍所在地湖北省武汉市江岸区。涂某在淘宝网上开设书店销售书籍。2017年三四月间,涂某通过陈某(中国台湾籍,另案处理)在台湾订购成人漫画书1000余册,并由陈某将上述成人漫画书运输到涂某指定的湖北省武汉市江岸区的收货地址。陈某购买涂某选定的成人漫画书后,装入10个纸皮箱交由台北市的天胜国际有限公司(以下简称天胜公司)运输至天胜公司在东莞的办事处再送货给涂某。天胜公司将该批成人漫画书空运至香港特别行政区,辗转经由东莞市某货运代理有限公司,最终由增城区外经报关有限公司以"少儿漫画书"名义于2017年4月6日向新塘海关申报进口。在申报进口过程中被海关查获。海关同批次查获共计1331本"少儿漫画书",分属涂某和黄某(另案处理)所有。经鉴定,上述1331本书籍中共有1326本为淫秽物品。

2018年7月30日,广东省广州市中级人民法院作出判决,以涂某犯走私淫秽物品罪,判处有期徒刑10年,并处罚金人民币20万元,扣押的1326本淫秽书籍予以没收销毁。

宣判后,涂某不服,提出上诉。广东省高级人民法院经审理后作出终审裁定,维持一审判决。

第五章　建设智慧海关

智慧海关建设，就是推动"智慧海关、智能边境、智享联通"的一体化建设。智慧海关建设以人工智能技术为支撑，以先进技术推动海关开展制度创新、整体性改革创新，促进贸易安全与便利化，为未来全球合作治理贡献力量。

第一节　智慧海关建设的背景：
全球化的新形态与新挑战

智慧海关，是中国海关在全球化时代实现内涵式发展的重要方面。智慧海关建设，是中国海关在全球化的新形态情形下做出的主动探索，是积极主动借鉴全球各先进海关最佳实践与经验，结合中国海关发展现状，在探索海关现代化建设方面的努力，也是积极面对新一轮科学技术革命，适应国际贸易新业态新模式，促进贸易便利，保障供应链安全，维护全球自由贸易体系和开放型世界经济方面的探索。

一、全球化是智慧海关建设的重要背景

全球化的概念有着多种不同的定义方式，从传播、经济、文化、政治等不同角度，对于全球化有着不同的认识。全球化是对于全球经济和科技发展的表征，是全球治理体系和全球秩序变革的重要表现。全球化展示了世界各国之间的依存关系更加深刻，既是学者早期对于地球村描述的一种现实呈现，也是全球未来共同面临新的问题，共同解决相关议题的体现。

从经济学的角度来看，全球化被视为各国经济活动在世界范围内的相互作用与依赖，形成了世界性的市场；资本超越了民族国家的界限，在全球自由

流动,资源在全球范围内配置。这种经济全球化是自由派经济学家心目中经济发展的最终和理想状态①。经济全球化,是全球化的重要表征,也是全球化与个体生存息息相关的重要表现。经济全球化,使得个体能够深切地感受到全球化带来的改变与影响。比如,随着全球化的不断深入发展,全球供应链的日益成熟,西方圣诞节的各种装饰用品,产地几乎都是在中国。全世界的圣诞商品有 80% 是在中国制造的,而中国份额中 80% 是义乌制造的。义乌海关提供的数据是,2019 年前 3 个季度,义乌的圣诞商品出口 22.3 亿元,增长了 22.08%,以至于西方流传一个范围较广的玩笑——"圣诞老人来自中国"②;而 2021 年,随着国内制造业的复苏加速,1—7 月中欧(义新欧)班列进出口货值 267.1 亿元,同比增长 130.7%,提前 5 个月超过去年 266.7 亿元的总货值③。

　　浙江的一座城市,与千里之外许许多多欢度圣诞的西方家庭联系在一起,背后所体现的既是中国的崛起,更大程度上也是全球化的一个缩影。义乌,已经成为反映全球变化的一个窗口。跨境电商、全球供应链、经济全球化等学术语汇,成为人民生活的深刻日常体验。

　　纵观全球化发展,其中技术扮演了重要的角色,是全球化的重要推手。技术的不断进步和革命,使得信息、数据、服务、货物等能够迅速地进行传递和运输,不断增强全球各国之间的联系;经济是全球化的重要表征,也是全球化的重要动力之一。全球化是资本在全球的快速流动和扩张,也是全球经济规则不断演化和不断重构的重要过程④。全球化,也意味着全球治理的发展。全球化不应该仅仅是一种经济规则的再认识,而是需要从更加宏观的角度认识与全球化所伴生的社会与政治的深度改变。

二、全球化的发展历程与新特征

(一) 全球化的发展历程: 五个阶段的分析

　　人类历史的发展进程中,全球化具有较长的历史发展时期。早期全球化

---

① 杨雪冬.西方全球化理论:概念、热点和使命[J].国外社会科学,1999(03).
② "义乌指数"价值不仅在预测美国大选[EB/OL].[2021-10-16].http://epaper.bjnews.com.cn/html/2019-12/17/content_774226.htm.
③ 中欧(义新欧)班列前 7 个月进出口货值 267.1 亿元 提前 5 个月超去年总量[EB/OL].[2021-10-16].http://www.customs.gov.cn/hangzhou_customs/575606/575607/3860661/index.html.
④ 杨雪冬.西方全球化理论:概念、热点和使命[J].国外社会科学,1999(03).

过程中,经商求利是主旋律;由于没有健全的国际贸易规则和法律体系,早期全球化的目的是对于未知地区的求索,以求得利益的最大化。这种利益的最大化,使得国家之间,人民之间的关系简化为金钱交易关系[①]。工业革命以来,全球贸易规则不断更新,国际法律体系不断健全,全球化的要素日益丰富,主要包含了贸易、投资、数据、思想和技术的跨境流动等不同方面。全球化可以分为 5 个不同的历史时期。

1830—1914 年,是全球化 1.0 时代,该时期也是工业资本主义的诞生期[②]。在蒸汽船和其他先进技术的推动下,工业经济得到了发展。欧洲成为全球经济发展的中心,全球其他地区,如各个殖民地,向欧洲输送原材料,提供工业初级产品。同一时期,国际贸易、投资和贷款也有所提高。以欧洲为中心的全球化 1.0 时期,经济一体化程度有所提高,使得不同商品能够在初步形成的国际市场上流通。但随着第一次世界大战的爆发,旧有的世界格局被打破,全球化的 1.0 时代也宣告结束。

全球化 2.0 时代,是 1914 年第一次世界大战爆发到 1945 年第二次世界大战结束。第一次世界大战,扰乱了原有的欧洲为中心的全球经济发展模式,全球格局发生了重大的改变。在此期间,俄国十月革命发生,西班牙大流感流行,资本主义世界经济大萧条,第二次世界大战的爆发与结束等一系列重大事件,改变了全球的历史进程。全球化 2.0 时代,一直伴随着严重的贸易保护主义,各国为保障本国利益,不断从政策和行动上削弱全球化进程,世界经济也受到了严重的影响。

全球化 3.0 时代,是二战后到 1987 年左右。第二次世界大战之后,以美国为首的西方国家,与以苏联为首的社会主义国家之间,在政治经济形态方面的不同取舍,造成了全球化割裂式发展。尽管全球陷入了严重的意识形态对立,但是地区贸易协定不断建立,各类国际组织不断成立并发挥积极作用。各国就关税和贸易规则等方面,不断达成共识,经济一体化被提上政治日程,全球经济发展迅速,从巨大的战争创痛中迅速脱离。全球化的 3.0 时代,意识形态的对立限制了全球化的深度发展。

全球化的 4.0 时代,始于 1987 年左右,这一时期,全球化的独特性在于创

---

①　李伯重.火枪加账簿:经济全球化的早期特征[N].北京日报,2019 - 11 - 04(012).

②　马克・莱文森.集装箱改变世界(修订版)[M].姜文波,译.北京:机械工业出版社,2014:11 - 12.

建了复杂的国际供应链①。随着集装箱运输、电子通信和计算机技术的成本降低,全球制造商在不同国家和地区之间能够作出有效取舍,并能够进行灵活的生产运营。这种全新的生产组织形式,使全球贸易的增长速度大幅提升。全球化 4.0 时代,也是全球意识形态对立相对弱化的阶段,随着东欧剧变和苏联解体,原本割裂式的全球化发展模式逐步让位于全球一体化发展。发达国家通过加工贸易转移等手段,将中间产品从发达国家转移到发展中国家,既促进了全球经济的发展,也促进了技术的深度流通和交流。随着 2008 年经济危机的爆发,全球化 4.0 时代也宣告结束,国际贸易增长速度变缓。

全球化的 5.0 时代,出现在 2008 年经济危机之后,全球各国发展面临着共同的难题。一方面随着婴儿潮一代的老去,世界各国普遍面临老龄化的问题,与此同时,较低的出生率使得发达国家面临未来劳动力不足的重要考量;另一方面,在发展过程中的贸易风险性,使得各主要工业国侧重于缩短供应链,同时力求个性化地满足消费需求的态势。由此,全球化进入了步调缓慢的时代,而突如其来的新冠疫情大流行,促使发达国家不断认识并反思全球生产链的脆弱性,也呈现出暂时的逆全球化态势。

(二) 全球化的新特征:慢全球化与逆全球化

慢全球化是全球化 5.0 时代的重要特征之一。2008 年经济危机爆发之后,国际贸易发展趋势放缓。2008—2017 年,全球货物贸易和服务贸易出口年均增速分别下降到 3.2% 和 4.1%;跨境资本流动从 2007 年的 12.4 万亿美元,缩水至 2017 年的 5.9 万亿美元。2018 年的跨国资本流动规模与金融危机前相比,缩水近三分之二②。世界各国一方面在有限的全球市场进行激烈角逐,围绕先进技术爆发了此起彼伏的竞争;另一方面,全球经济发展放缓,贸易增速缓慢,贸易保护主义抬头,各国之间的贸易摩擦增加,贸易发展举步维艰。

慢全球化的出现是多种因素叠加的结果。全球化 4.0 时代,高速增长和活跃的全球贸易量在 2008 年金融危机之后出现了较大规模的缩水。紧随其

---

① 全球化正在迈入新阶段[EB/OL].[2021 - 10 - 16].http://news.cssn.cn/zx/bwyc/202109/t20210917_5361106.shtml.
② 常磊."慢全球化"时代到来了吗[EB/OL].[2021 - 10 - 16].http://www.banyuetan.org/sx/detail/20190507/10002000331361415571906127353088000_1.html.

后的是美国、欧洲等地区的"再工业化"策略,对本国生产链进行重整和优化。比如美国提出的"美国优先"策略,实施对于中国商品强制增加关税的措施,既是对于制造业大国中国的打击,也是力主美国在华资本回归、在华企业回迁美国的设想。

慢全球化时代,全球对于日益兴盛的数字经济发展出不同的监管措施和政策取向。在数字经济发展方面,具体而言,美国秉持促进市场和创新的取向,与美国的自由主义经济策略息息相关;中国,作为第二大经济体,坚持促进国家和公共安全,支持数字发展,将数字经济发展视作国家发展战略;欧盟更加注重数据隐私问题,保护个人权利和基本价值观;俄罗斯关注促进国家和公共安全;印度作为人口大国,不得不正视本国基础设施现状,积极倡导国内的数字化发展[1]。不同国家和地区的数字经济政策取舍,也拖慢了以数字化为主要特征的全球化新态势。

突如其来的新冠疫情,加剧了逆全球化的趋势,导致了全球化进程受阻;但疫情过后,短期内全球化进程可能仍将倒退,且倒退幅度和速度可能比疫情前更大[2]。早在2008年经济危机之后,世界各国贸易保护势力不断抬头,造成全球贸易摩擦大幅增加。2012年的世界粮食危机中,部分国家的出口禁令使得全球粮食价格不断推高,导致了部分地区面临严峻的粮食短缺,以及严重的人道主义危机。而在新冠疫情暴发时期,各国对于防疫物资和药品,诸如口罩、防护设备、呼吸机等进行管控,导致全球防疫资源不均衡。发达国家面对过长的全球贸易生产链,在经历了防疫物资不足的捉襟见肘之后,纷纷增强对本国生产能力和本国生产链的关注,重新思考贸易依赖性。

新冠疫情带来了对于全球化的冷思考,对于全球化的信心也受到极大打击。全球经济需要长时间恢复至疫情前状况。而疫情对于全球不同国家和地区带来的社会冲击,则将持续更久[3]。新冠疫情时期出现的生产链和供应链脆弱性问题,将成为各国的惨痛记忆。这种担忧也将促使人们对于全球化进行冷静思考。

---

[1] United Nations Conference on Trade and Development. DIGITAL ECONOMY REPORT 2021 Cross-border data flows and development;For whom the data flow[OL].[2021-10-16]https://unctad.org/system/files/official-document/der2021_en.pdf.

[2] 姚枝仲.新冠疫情与经济全球化[J].当代世界,2020(07).

[3] Reinhart C,Reinhart V. The pandemic depression;The global economy will never be the same[J]. Foreign Aff., 2020,99.

三、全球化进程下的中国海关科技探索之路

改革开放以来,海关科技工作成为海关现代化建设与建设的重要支撑力量,几代海关人的不断努力和探索,以技术为发展和进步的动力,长期支撑了海关事业的总体发展。海关的科技创新进步,也成为海关在政务现代化,服务型海关建设中,发挥了重要的作用。

1978 年,第一台国产 DJS130 计算机在深圳罗湖口岸投入使用,揭开了海关信息化发展的重要开端。改革开放初期,面对进出口贸易的不断剧增,海关作为国家进出口的重要机构,需要执行国家在进出口方面的各项政策,进行各项监管工作以及国民贸易发展的统计工作等。海关在具体的政策执行中,形成了工作系统和信息系统。H883 系统的开发历程经过了 8 年时间,从整体性的设计开发,到在试点海关进行试验和改进,进一步地在全国海关进行普及和推广,初步实现了自动化处理报关手续的功能[①]。H883 系统之后进一步改造升级,逐步应用到运输工具的监管、载货清单的核销、加工贸易管理、许可证的管理、税费减免等一系列工作中。

1998 年海关总署决定,以建立现代海关制度为目标,在海关内部建立跨部门、跨关区联网综合应用的信息化平台,逐步推进通关作业网络化、物流监控智能化和职能管理数字化[②]。海关总署和直属海关,以及业务现场之间的虚拟网络建成,逐步实现了通关业务现场各环节之间、业务现场与直属海关之间、海关与海关之间的联网,初步建成了以各地海关业务运行管理信息化、网络化为基本内容的"电子海关"[③]。

H883 系统是分布式计算机系统,在设计初始,并未预留联网端口,面对技术的不断进步和现场工作的复杂化,以及贸易量的飞速发展,必须朝着集中式计算机系统的方向进行技术的深层次升级。H2000 系统应运而生,该系统是海关信息化建设的核心工程。全国各海关建立集中式的业务数据库,统一存放各地海关的各项业务数据,方便相关企业跨关区开展进出口业务。

---

① "海关老同志讲海关"系列之艰苦奋斗 科技兴关[EB/OL].[2022-06-09].http://www.customsmuseum.cn/NewsDetail.aspx?id=601.
② 宋乐永,林江艳.杨国勋."金关"幕后故事[N].计算机世界,2002-09-02(C01).
③ 宋乐永,林江艳.杨国勋."金关"幕后故事[N].计算机世界,2002-09-02(C01).

H2000 系统,实现了信息格式统一,能够及时有效地满足不同信息的查询功能,从而能够实现信息有效的监管,能够为决策提供有效的信息支持。同时,H2000 系统,采用了数据化的方式进行信息处理和汇总,有助于海关科学地进行决策和预测。

近年来,海关的整体科技水平不断提升,金关工程二期已经能够实现海关各领域信息化全覆盖,基础设施增速提效,全面发挥了海关在国家建设发展中的关境保护作用,产生了显著的社会效益和经济效益;实施全国通关一体化改革,建立了新型的风险防控和税收征管模式。金关工程二期是海关全面深化改革总体方案的配套工程,具有全局性、系统性和创新性,呈现出“松耦合,高集聚”的特性,也是承载海关深化改革顶层设计方案的支撑保障手段。

金关二期工程包括了应用支撑平台、信息资源共享服务平台、云计算平台、安全管理平台和运维管理平台等,拥有 5 个基础信息库,分别是商品库、企业库、人员库、运输工具库和空间地理信息库,以及 12 个应用系统,主要为加工和保税管理系统、企业进出口信用管理系统、能实管理系统、关税管理系统等。

随着关检融合,海关工作职能的调整,H2018 系统的进一步推广,不断实现了统一作业的系统模块。该系统梳理整合海关和原检验检疫接审单职责功能,统一接审单业务操作系统,真正实现了关检融合统一作业,进一步推进了关检在业务层面的深度融合。H2018 系统,包括了优化整合报关单处置、税费及保金保函处置、现场验估作业、证件管理、出口申报前监管、通关状态查询服务、理单归档管理、业务及贸易统计、核批管理等 9 个业务模块、33 个子模块、65 项功能。

四、新时代为扩大对外开放、维护国门安全而推进智慧海关建设

智慧海关建设,是技术时代海关面对新国际形势发展所作出的积极回应,也是扩大对外开放、维护国门安全的重要措施。海关承担着守卫国门的重要职责,是对外开放的最前沿;海关既要推动贸易便利化,不断推动国际贸易的发展,同时也要把好国门,保障国门安全。

智慧海关建设是中国经济总量不断增大、经济持续高速度增长的重要保障。改革开放是决定当代中国命运的关键一招,也是中国共产党在新的国内

外形势下,带领中国人民进行的一场伟大的革命。改革开放,给予了中国深度发展的动力和活力,是党和人民的事业不断发展的重要制度保障。

从国家经济不断发展的事实来看,中国在第二次世界大战结束后创造了国家经济高速增长持续时间最长的奇迹。目前,中国已经是世界第二大经济体、第一大工业国、第一大货物贸易国、第一大外汇储备国;中国的综合国力显著增强,人民生活水平明显得到改善。

从国际经贸发展的事实来看,海关在促进中国跨境贸易方面,依旧需要不断从技术方面提升自我,进行内涵式发展。目前,关税措施和技术性贸易措施依旧在当今贸易保护中扮演了重要角色。关税措施和技术性的贸易手段,已成为各国控制相关贸易市场准入的屏障。

作为世界第一大贸易国和全球供应链的重要组成部分,中国的对外出口面临着更加严峻的挑战:日益严格的技术性贸易措施、日益提升的标准、日益严苛的检测、日益扩大和变动的检验范围。面对严峻的国际贸易趋势,要求海关必须要不断借助新的科技手段打破国外贸易保护和不合理的技术壁垒,合理运用关税措施、技术性贸易措施和检验检疫准入手段,适时采取有效反制措施,维护国家利益和企业利益。在不断维护正常贸易秩序、提升贸易便利化的同时,也需要维持正常贸易秩序,严厉打击"洋垃圾"、濒危物种、涉税商品等走私,防范疫病疫情传播和有害生物入侵,维护国家经济安全、生态安全。

智慧海关建设,更加体现了海关维护国门安全的责任和任务,需要丰富完善其科学内涵,持续扩大合作成果,为推动高水平对外开放,加快构建新发展格局,构建人类命运共同体贡献海关力量[①]。

智慧海关建设,未来更将着眼于全国海关通关一体化建设,全面支撑风险防控中心、税收政策中心建设;依托互联网技术,建立统一认证、服务和管理的综合平台;借助于大数据相关技术,实现不同数据资源库联通;不断更新技术架构,构建新的智能云平台;逐步各类信息系统的整合,形成数字化发展合力,不断提升海关基础设施自动化和服务化水平[②]。

---

① 倪岳峰.以"智慧海关、智能边境、智享联通"引领海关贸易安全和通关便利化合作[EB/OL].[2021-10-13]. http://customs.gov.cn/customs/xwfb34/302425/3578116/index.html.
② 余振京.数据引领助推智慧海关建设[J].网络安全和信息化,2018(05).

第二节　智慧海关建设的基本内涵和驱动技术

"十四五"海关发展规划中,以"智慧海关、智能边境、智享联通"(以下简称"三智")建设和国际合作为抓手,以共建"一带一路"国家为重点,全方位推动机制性海关检验检疫合作,逐步构建海关大外事工作格局,积极参与全球经济治理,在推动构建新型国际关系和人类命运共同体中体现中国海关责任担当①。"三智"建设,是海关未来的发展方向,也是面对国际国内新形势情况下,提升海关制度创新和治理能力,建设社会主义海关的重要路径②。

一、智慧海关建设的基本内涵

智慧海关建设是"科技兴关"理念在海关具体实践中的体现和运用。其主要内容包括大数据、物联网和 AI 等先进技术未来在海关具体实践中的运用。智慧海关建设,是以"智慧海关、智能边境、智享联通"为核心的提升海关能力建设,提升海关服务质量,积极探索海关未来发展的探索历程。

智慧海关建设,体现了海关服务逐渐向贸易便利化、知识产权保护、缉私智能化等方面的工作重点的转换。智慧海关建设的重要组成部分,包括以下几个方面。

(一) 智慧海关建设的重要内容

智慧海关建设是海关基础设施建设的重要方面,主要是推动相关海关基础技术的提升,海关监管和管理的智能化、数字化和网络化。智慧海关建设,主要聚焦于基础设施智能化、行政管理智能化、海关监管智能化 3 个主体方面。按照海关"十四五"发展规划的重要内容,智慧海关建设将与 170 个国家和地区的海关检疫检验开展合作关系,将主要在建设智能卡口、智慧旅检、智能审图、产品溯源等方面开展建设与国际合作;与此同时,相关技术方面,如

---

① "十四五"海关发展规划[EB/OL].[2021-10-13]. http://www.gov.cn/xinwen/2021-07/29/content_5628110.htm.
② 倪岳峰.以"智慧海关、智能边境、智享联通"引领海关贸易安全和通关便利化合作[EB/OL].[2021-10-13]. http://customs.gov.cn/customs/xwfb34/302425/3578116/index.html.

无人机、机器人等先进基础设施建设,也将是海关未来发展的重要内容①。

(二) 智能边境建设的重要内容

智能边境建设是进一步加强国门安全建设,推动"点对点""点对网""网对网"的互联互通②。智能边境,将主要聚焦边境监管手段智能化、边境协同监管智能化、边境跨境合作智能化 3 个主体方面。智能边境建设,主要是指边境管理的相关部门,能够借助数字化技术,建立跨部门可兼容的系统,从而实现数据自动采集和实时传输的功能,以此提升监管的效率和有效性。跨部门的数据传输系统,能够有效实现数据在不同部门之间的流通,进而能够形成边检合力,深化"单一窗口建设"。在海关"十四五"发展规划中,智能边境建设将着力于建设风险信息的互换和合作防控机制,建立电子证书联网核查机制,以及对进出口产品检疫检验证书电子数据实时查询和比对③。

(三) 智享联通建设的重要内容

智享联通倡导在 WTO 和 WCO 合作框架下,协调各国(地区)海关之间、海关与全球供应链相关各方之间,以智能化协同治理理念为指导,运用新科技设备,建立互联互通、实时协作关系,进而实现全球供应链点对点的无缝管理,共同促进全球贸易安全与便利④。智享联通聚焦海关网络智能互联,运用多种先进技术,实现全球海关的互联互通;聚焦海关治理智能对接,推动各国海关之间的相互学习与借鉴,推动全球海关不断能够达成共识,推动海关治理现代化。智享联通也聚焦全球供应链智能合作,推动落实 WTO 等相关多边协定,探索以智能化为核心的智能合作⑤。智享联通致力于全球海关在先进技术支撑下的通力合作。

---

① "十四五"海关发展规划[EB/OL].[2021 - 10 - 13]. http://www. gov. cn/xinwen/2021 - 07/29/content_5628110.htm.
② "十四五"海关发展规划[EB/OL].[2021 - 10 - 13]. http://www. gov. cn/xinwen/2021 - 07/29/content_5628110.htm.
③ "十四五"海关发展规划[EB/OL].[2021 - 10 - 13]. http://www. gov. cn/xinwen/2021 - 07/29/content_5628110.htm.
④ 共同推进"智慧海关、智能边境、智享联通"建设与合作的倡议[EB/OL].[2022 - 06 - 09]. http://customs. gov. cn/customs/xwfb34/mtjj35/2846260/index.html.
⑤ 共同推进"智慧海关、智能边境、智享联通"建设与合作的倡议[EB/OL].[2022 - 06 - 09]. http://customs. gov. cn/customs/xwfb34/mtjj35/2846260/index.html.

（四）智慧海关建设各组成部分之间的内在关系

智慧海关建设是智慧海关建设的基石。通过基础设计建设和改造升级，海关能够将数字化、智能化、技术化等相关发展思路融入海关未来发展的探索中，从软硬件提升的方面，不断推动海关建设与发展的技术化程度，有助于推动海关业务改革创新，也有利于实现海关治理能力现代化建设。

智能边境建设是智慧海关建设的桥接。智能边境有助于海关在未来的工作实践中实现跨部门的合作，进而实现跨部门治理的重要职能。智能边境建设连接了智慧海关建设和智享联通建设，既是对于智慧海关建设进度与成效的有效检验，也是智享联通建设的连接器。

智享联通建设是智慧海关建设的拓展，是中国海关在国际合作中实现全球供应链有效监管、治理能力现代化建设的重要表现。智享联通是响应世界海关组织的倡议，借鉴全球先进海关建设与发展的经验，进一步增进国际协作关系，建立互联互通机制的重要表现。

在智慧海关建设中，智慧海关是智慧海关建设的基点，是智能边境和智享联通的基础；智能边境，是智慧海关建设中的链接；智享联通，是智慧海关建设的积极拓展。智慧海关建设是中国海关积极响应世界海关组织"二十一世纪海关"战略文件，为推动建立公平、公正、平等的全球经济治理体系所作出的努力；也引领国际海关界聚焦海关现代化建设，维护全球贸易安全与便利。

智慧海关作为"三智"体系的基本点，是智能边境与智享联通的基础；智能边境作为"三智"体系的连接线，是基于智慧海关对于跨境跨界海关合作的延伸；智享联通作为"三智"体系的拓展面，是智慧海关与智能边境的进一步提升，是海关国际合作实现全球供应链智能治理的最终目标[①]。

二、智慧海关建设的技术动力：大数据、区块链与人工智能

智慧海关建设的技术动力来源于大数据、区块链和人工智能等技术的飞速发展。2021年3月13日正式发布的《"十四五"规划》中，大数据、区块链和

①　共同推进"智慧海关、智能边境、智享联通"建设与合作的倡议[EB/OL].[2022-06-09].http://customs.gov.cn/customs/xwfb34/mtjj35/2846260/index.html.

人工智能也被频繁提及,成为发展国民经济发展的重要支撑。

　　大数据是在阐述了在数据驱动的研究背景下,解决大数据问题所需的技术以及面临的一些挑战[①]。大数据的特点可以总结为 4 个"V",即 volume(体量浩大)、variety(模态繁多)、velocity(生成快速)和 value(价值巨大但密度很低)[②]。大数据融入了国民经济和国民日常生活的方方面面,也成为经济发展的重要动力。从 21 世纪初期各个高科技公司对于数据应用的探索到如今,大数据已经大规模地进入各类基础设施建设的重要组成部分。大数据已经成为国家现代信息服务体系中的重要组成部分。

　　智慧海关建设中的大数据对于海关现代化,也具有非凡的意义。大数据是海关智能化治理的重要组成部分,也是科技兴关重要理念的重要体现。大数据建设能够有效地整合各类零散片段化的数据,为海关监管、查验等具体职能工作的开展提供新的样态和新的模式。智慧海关建设中的大数据不是将大数据简单视作为一种工具,也不是将大数据简单地定义为海关现代化治理水平建设中的一种副产品,而是要将大数据定位为海关底层技术发展和海关日常工作开展的科学化解决方案,支持并提升海关工作的数字化升级和数字化转型。

　　区块链也是智慧海关建设的重要技术动力。区块链技术的核心优势是去中心化,能够通过运用数据加密、时间戳、分布式共识和经济激励等手段,在节点无须互相信任的分布式系统中实现基于去中心化信用的点对点交易、协调与协作,从而为中心化机构普遍存在的高成本、低效率和数据存储不安全等问题提供了解决方案[③]。区块链整体上可划分为网络层、共识层、数据层、智能合约层和应用层 5 个层次[④]。区块链技术是具有普适性的底层技术框架[⑤],也为经济、科技、社会生活、国家政治生活等相关领域带来影响。区块链的发展,为中国实体经济发展带来了新的发展动力,能够促进数据共享、优化业务流程、降低运营成本、提升协同效率;区块链技术的深度应用也对提升国家治理现代化水平具有非凡的意义。区块链技术的发展是一个长期的过

① 孟小峰,慈祥.大数据管理:概念、技术与挑战[J].计算机研究与发展,2013,50(01).
② 李国杰,程学旗.大数据研究:未来科技及经济社会发展的重大战略领域——大数据的研究现状与科学思考[J].中国科学院院刊,2012,27(06).
③ 袁勇,王飞跃.区块链技术发展现状与展望[J].自动化学报,2016,42(04).
④ 邵奇峰,金澈清,张召,钱卫宁,周傲英.区块链技术:架构及进展[J].计算机学报,2018,41(05).
⑤ 袁勇,王飞跃.区块链技术发展现状与展望[J].自动化学报,2016,42(04).

程,需要在具体的工作实践中不断地升华。

　　智慧海关建设中的区块链技术,是将区块链作为提升海关治理水平的重要发展思路,作为在海关政务服务方面的重要应用方案。区块链也是促进各类数据共享,提升海关核心业务能力的关键所在,是未来海关在供应链监管、风险控制与管理方面的核心技术,能够在海关诸多相关业务方面具有明显的应用价值,能够在海关诸多的工作场域中应用。区块链技术的应用,在海关探索治理能力现代化方面具有独特的价值,也能够将海关未来的发展与国家整体治理水平提升紧密联系在一起。

　　人工智能成为提升公共服务的重要技术来源。人工智能是研究、开发用于模拟、延伸和扩展人的智能的理论、方法、技术及应用系统的一门新的技术科学。人工智能作为一种科学技术,呈现出深度学习、跨界融合、人机协同、群智开放、自主操控等多样性特征[1]。人工智能赋能公共服务,正在形成一整套以“促进数据流转”为核心特征的创新模式和“政府、企业、公众”三方共创的工作机制。其核心是利用人工智能技术,服务数据创造、共享和开放,促进公共服务效率提升[2]。

　　智慧海关建设中的人工智能,是将人工智能技术定义为海关高质量发展重要阶段的核心驱动力之一,是实现海关创新型发展、科学化发展、高质量发展的重要技术保障。人工智能技术,能够驱动海关科技发展,也能够进一步促进智慧海关建设。人工智能技术能够与海关日常业务工作的诸多情境深度融合,能够在智能审图、风险管理与控制、数据深度融合和应用以及智能平台建设等方面开展应用。人工智能技术,将具体为智慧政务建设提供数字化应用的重要场景与支撑。

第三节　智慧海关建设中的创新精神和成功实践

　　智慧海关建设与中国海关面临的国内外经济与贸易发展、各项技术的发展等息息相关。智慧海关建设围绕国家大局进行科技探索,是海关发展的重要方向;智慧海关建设,是中国海关注重技术创新与应用,也是海关在技术发

---

① 刘波.人工智能对现代政治的影响[J].人民论坛,2018(02).
② 梁正.用 AI 战“疫”　人工智能技术赋能公共治理大有可为[J].人民论坛,2020(15).

展方面的重要工作内容；智慧海关建设，强调中国海关注重在工作实际中进行技术化升级，提高工作成效的集体实践，也是中国海关面对不断变化的国内外形势，打造具有国际竞争力现代化海关的重要技术路径。

一、智慧海关建设中的探索与开创精神

在智慧海关建设的过程中，一方面，对海关科技创新精神要继承好；另一方面，对于海关的技术创新发展持开放和探索的心态，善于使用技术手段改善和解决在业务发展中不断涌现出来的具体问题。

新技术的发展迅猛而全面，海关也面临科技不断进步而提出的更大挑战，由此，智慧海关建设的深度发展中，需要紧跟技术的发展潮流，实现科学技术引领发展的态势。

（一）智慧海关建设中的探索精神

我国科技水平大幅提升，科学技术的进步，业已实现了历史性、整体性、格局性重大变化，中国的整体科技实力处于内涵化和高质量发展的历史阶段。作为世界第二大经济体，中国有着丰富而活跃的科技创新型机构和企业，全社会形成了源头创新、科技引领创新、科技融通创新的良好态势。

智慧海关建设的过程是一个阶段化发展的过程。从第一台单片机的使用到覆盖全国的 H2018 系统的实际运用，海关的建设和发展不断朝着智慧政务的方向前进。其中海关监管模式、风险控制、打击走私犯罪等工作，也与数字化发展紧密相连。大数据、区块链、人工智能技术，不仅能够促进并帮助海关开展各项业务，还深刻地改变了海关具体工作的样貌，以及海关在国家生活和人民日常生活中的具体形象。

在智慧海关建设中，海关科技人员在不断探索新技术的开发和使用，勇攀科技高峰，在人工智能技术、装备技术、分析检测技术等新科技研究方面，加大了原始创新和应用创新，大幅提升了海关科技创新能力和科技应用水平。这种科技探索精神，紧紧把握了数字化、网络化、智能化融合发展的契机，也紧紧抓住新科技、新技术日臻成熟这一难得的历史机遇。海关科技队伍的探索精神，是回应科技进步对于海关现代化发展的要求，也是推动智慧

海关建设的重要力量。

（二）智慧海关建设中的创新精神

创新是发展的动力。当今中国面临深度开放和高质量发展的重要契机，全球科技创新空前活跃，科技转化的速度和广度不断增加，新科技革命呼之欲出，并不断塑造全球的创新发展历程。创新成果的不断涌现和转化，立体地、全方位地影响着海关科技管理方式、组织方式。

智慧海关建设中的创新精神，是中国海关调整自身发展战略，不断与世界各先进国家海关协同发展的重要表现。随着大数据、区块链和人工智能等相关技术的发展和应用，各国海关的跨越式发展已经不满足于单一业务职能的改进，而是期望能够从整体上进行科技发展与创新。比如，俄罗斯海关有现代化发展法令，美国海关有 2020 愿景和战略，欧盟海关有 2020 行动方案，澳大利亚海关有 2020 行动战略等。

智慧海关建设的创新精神，不仅是对全球新技术发展的积极回应，也是对于全球海关业务发展态势的一种有效应对。全球海关在新技术的影响下，监管和发展模式出现了颠覆性的创新与突破。智慧海关建设中，创新的本质是高质量的自主创新与发展，是对于外部世界变化的积极回应和同步。

（三）智慧海关建设中的求实精神

科学技术在于能够切实地为实际工作提供便利化，能够为实际需求提供切实有效的解决方案。智慧海关建设过程中，技术发挥引领和融通的作用。技术对于海关业务的贡献在于，不断改变和提升海关的工作模式和工作效率，不断地推动现代化海关建设的步伐，能够在大数据、云计算、物联网、区块链、现代生物技术、高精准理化分析技术、无损检测技术等方面，不断实现突破和应用，转变发展的思路，能够纵深推进海关改革，打造先进的在国际上最具竞争力的海关监管体制机制，提升海关治理体系和治理能力现代化水平。

智慧海关建设中的求实精神是在现有的发展基础上不断把握数字化、网络化、智能化融合发展的契机。紧紧抓住新科技、新技术日臻成熟这一难得的历史机遇，为货物、人员快速安全通关和我国企业突破国际贸易技术壁垒提供有力支持。

二、智慧海关建设的具体实践

随着中国制造业的力量不断壮大,中国逐渐成为全球制造业的重要国家,所出口产品从原来简单的初级农产品和加工产品,逐步转向为各类工业制成品。中国的外贸出口,从单一走向多元,从量变逐渐走向质变。在中国制造的发展历程中,科技助力智慧海关建设,为进出口、生物安全、国际旅行等不同方面,提供了各类保障措施。中国海关依托各类新兴技术,不断拓展创新,将科技融入海关日常工作中,推动智慧海关建设的纵深发展。

(一) 从"翻箱倒柜"到"非侵入式"查验:科技助力海关一线查验

党的十八大以来,中国经济一直处于高速发展中,"中国制造"成为世界贸易版图的重要组成部分,制造业不断与国际接轨并提供多样化的产品。海关一线查验工作也发生了翻天覆地的变化,从早期的"翻箱倒柜"式的查验工作,逐步在科技力量的支持下,开展了快捷、精准的"非侵入式"查验。这既提升了海关的通关效率,也取得了良好的社会效益。

自 2014 年海关总署在全国海关进行 H986 设备联网集中图像分析作业改造。这种模式改变了原有的海关的"各自为战"的工作模式,将原有的单机分散式审图的作业模式改造为统一的集中审像,逐步开展审图工作专业化、标准化。相关技术设备的投入使用,也提升了海关管理的集约化水平。该工作模式中,逐渐形成了"机检查验为主、人工查验为辅"的查验模式,逐步实现了查验工作的信息化、集约化和专业化,也受到世界海关组织的认可[①]。

随着人工智能等相关技术在海关一线查验的深度运用,智能审图工作能够更加平稳地开展,工作效率不断提升。在"非侵入式"的查验工作中,进行准确的图像判断,并能够迅速标示嫌疑部位。人工智能与深度学习等技术,逐步增益了智能审图工作的开展。智能审图能够借助深度学习技术不断扩大和识别货物类别的数量等。在查验过程中,能够对隐藏的洋垃圾、枪支等

---

① 海关总署.见证"智慧机检"新时代[EB/OL].[2022 - 06 - 29].http://www.customs.gov.cn/customs/xwfb34/302425/4306691/index.html.

违法违规物品进行迅速识别与判断[①]。

智能审像的工作能够综合运用人工智能、机器学习和大数据等技术手段，不断提升一线查验工作的科技水准，增进工作效率。例如，南宁海关2019年进行了 H986 大型集装箱检查设备审像集约化改革，成立了"南宁海关H986 集中审像中心"，运用互联网技术开展联网集中审像，逐步覆盖了广西各重点口岸。依托大数据技术和人工智能技术，智能审图工作已经逐步发展到"智慧审像"的阶段。南宁海关智能审图工作，通过大数据采集大量有效机检图像，运用人工智能技术，能够实现自动对比筛查、智能判断，能够进一步地提升智能审图的综合分析能力，从而极大减少企业等待时间，提高通关效能[②]。南宁海关开展的智能审图工作，能够不断实现关区机验查验集约化管理。相关数据显示，随着智能审图工作的开展，能够节省查验人力 54%，机检总体直放率由 54% 提升到 70% 以上。智能审图工作的进一步开展，提高了通关速度，为相应物流成本减少 1/3。[③]

智能审像的运用和技术升级改造，是海关积极主动运用先进技术对工作进行的改造升级。在此过程中，相关技术的发展，继承了海关长久以来在技术探索方面的丰富经验，是对于海关科技攻关精神的坚守，体现了中国海关在技术进步和技术升级方面的主动探索精神。这也显现了海关技术创新过程中，始终坚持开拓创新的精神，主动积极作为，采用各种先进技术手段解决海关具体工作中不断涌现的新问题。智能审像技术的运用，是推动科技兴关的重要体现，也是智慧海关建设中，能够不断运用先进技术强化监管、深化服务的重要举措，是将科技的力量与海关的精神紧密融合，守卫国门安全。

（二）青岛海关"老牟团队"：勇于创新与敬业奉献的海关科创先锋

青岛海关"老牟团队"，是海关总署首批命名的"全国海关基层党建示范品牌"。该团队成立于 2005 年，经过近 20 年的发展，已经从一个基层临时工

① 中新网.【十年@每一个奋斗的你】天津海关"H986 人"见证从"翻箱倒柜"到"智慧机检"新时代[EB/OL].[2022 - 06 - 29].https://cn.chinadaily.com.cn/a/202204/18/WS6260bea1a3101c3ee7ad1882.html.
② 南宁海关.南宁海关打造"智慧大脑"实现"看得清""通得快""查得准"[EB/OL].[2022 - 06 - 28].http://www.customs.gov.cn/nanning_customs/600328/600329/3555728/index.html.
③ 中国日报广西记者站.南宁海关"三智"建设助力广西高水平对外开放[EB/OL].[2022 - 06 - 29].https://gx.chinadaily.com.cn/a/202105/19/WS60a4d6a4a3101e7ce9750690.html.

作组,不断成长为立足海关业务发展,放眼科技发展前沿的科技团队。"老牟团队",运用先进科技发展的力量,促进海关业务的创新发展,结合海关具体工作需求,逐渐形成了"随需而动、勇于创新、攻坚克难、敬业奉献"的品牌精神。"老牟团队",先后获得了全国海关首届"海关榜样"、全国海关科技创新一等功、"山东省工人先锋号"、先进基层党组织等荣誉,是全国海关领域的耀眼明星。

"老牟团队"成立之初,为完成海关总署布置的 H2010 工程(海关综合业务管理平台)开发,青岛海关技术处党支部组织以牟清杰为首的 13 名技术骨干进行了科技攻关。正如同团队成员所说:"这样的工作模式让我们感觉,不是在被动接受领导布置的任务,而是在自主管理中快乐奋斗,体验创造的乐趣。"[①]老牟团队坚持"一帮人做一件事",从关警协同工作平台到动态数据仓库,从关区职能监管系统到烟台保税港区信息化建设,老牟团队不断开展技术攻关,不仅承担了青岛海关的相应科技项目建设任务,还不断为全国海关系统的技术难题破解作出了贡献。"老牟团队"参与研发的"智能审图"系统已在全国海关系统广泛应用,被称为中国海关"一张亮丽的名片"[②]。

一帮人做一件事情,是海关科技人员开展团队协作,将个人创造力与团队协同力量不断融合,形成强而有力的凝聚力和团队战斗力。一帮人做一件事情,既是"老牟团队"在科技攻关的具体工作中不断形成的工作思路,也是智慧海关建设中,海关科技工作人员不断发挥主体作用,求真、创新的精神体现。"老牟团队"在一线工作中,逐步形成了"诸葛亮会议"的科技工作思路,引导团队成员畅所欲言,激发海关科技人员的主动探求、主动创新精神。

"人在一起只是团伙,心在一起才是团队",是"老牟团队"的一句口号,也是老牟团队"党建引领科技、灯塔照亮人生"的党建工作理念。将其引入海关科技工作中,主动运用党建方法,熔铸团队精神,扎实推进科技兴关,推动智慧海关建设[③]。老牟团队不断发挥了海关一线科技人员的探索精神,把握了互联网、数字化、网络化融合发展的有利契机,积极发挥了海关科技工作人员

① 王海磬.用学习保持技术青春的"老牟团队"[N/OL].光明日报,2012-10-28[2022-06-29].https://epaper.gmw.cn/gmrb/html/2012-10/28/nw.D110000gmrb_20121028_4-11.htm.
② 陈星华.老牟团队:"传帮带"中,永葆技术"青春"[N/OL].青岛日报,2021-03-25[2022-06-29].https://epaper.qingdaonews.com/html/qdrb/20210325/qdrb1391304.html.
③ 青岛海关科技处党支部."老牟团队"的"党建代码"[EB/OL].(2020-08-24)[2022-06-29].https://www.sohu.com/a/www.sohu.com/a/414913227_365756.

的主动探索精神,将党建与科技的深度融合进一步加强,以科技促发展。

智慧海关建设的核心在于,稳定而持续发展的海关科技人才队伍建设。老牟团队从建立之初的13名技术骨干成员,发展成为全国海关系统的一支年龄结构合理的稳定的科技攻关团队,是海关科技人才不断保持旺盛的学习力,不断"以学习保持技术青春"①。"老牟团队",成为全国海关系统的科技排头兵之后,并未停止前进的步伐,始终坚持"与业界先进技术同步",将基层支部活动与团队学习活动结合在一起,既开展党建学习,又与业界先进技术专家不断互动,始终在技术发展中掌握先机。

智慧海关发展,既需要青年技术人才的不断涌现,也需要青年人才能够坚守海关技术创新的一线。"老牟团队"中的青年科技人才发挥了敬业奉献精神,一方面团队内部能够进行"传""帮""带"的良好协作氛围,在科技创新方面营建良好的团队学习环境,实现科技创新的交心;另一方面,团队内部主动开展各种团队学习活动,坚持"科技微党课"党日活动,把备课和讲授过程作为自我加压、深化理解的过程②。面对大型企业优厚的薪酬待遇,"老牟团队"的成员依旧不为所动,能够坚守海关科技创新一线,对海关科技发展事业始终怀有激情和初心③。"老牟团队"是全国海关攻坚克难的科技攻关团队,也是智慧海关建设中始终处于技术前沿的科技创新团队。

科技创新是科技兴关的重要保障,也为智慧海关持续建设奠定基础;科技人才则是科技创新的首要智力保障。科技人才的厚度决定了科研的高度,实现科技发展的自立自强,需要大量的科研创新团队和青年科技人才。海关在抗击新冠疫情以来的各类技术攻关中,青年科技人才不断涌现,也促进了科技创新的贡献率。由此,要鼓励青年海关关员不断投入到海关技术创新工作中,立足工作实际,坚定理想信念,树立良好的科研风气,在海关科技发展的道路上不断前进。

智慧海关建设需要青年人心系海关发展,心系国家发展,能够主动担当时代赋予的使命责任。青年人需要在智慧海关建设中,坚守科学家精神,应

---

① 陈星华.老牟团队:"传帮带"中,永葆技术"青春"[N/OL].青岛日报,2021 - 03 - 25[2022 - 06 - 29].https://epaper.qingdaonews.com/html/qdrb/20210325/qdrb1391304.html.

② 青岛海关科技处党支部."老牟团队"的"党建代码"[EB/OL].(2020 - 08 - 24)[2022 - 06 - 29].https://www.sohu.com/a/www.sohu.com/a/414913227_365756.

③ 2013年度海关好人专题[EB/OL].(2013)[2022 - 06 - 29].http://photo.china.com.cn/hghr/node_7189296.htm.

当胸怀国家、团结合作、探索求真。海关青年一代，应当坚守家国责任，为海关科技事业高质量发展贡献力量。

第四节　智慧海关建设与青年人的家国责任

家国情怀是一个人对自己国家和人民所表现出来的深情大爱，是对国家富强、人民幸福所展现出来的理想追求，是对自己国家的高度认同感和归属感、责任感和使命感。"修身、齐家、治国、平天下"，古往今来，这种情怀极大地鼓舞着人们的士气，从而凝聚力量、振奋精神，既利国利民又利人利己[①]。家国情怀，是一种精神坐标，体现了对于国家的爱与真情；家国情怀，是一种时代责任，体现着青年人的时代担当。

一、智慧海关建设中的家国责任

智慧海关建设体现了海关人的家国责任。在智慧海关的建设过程中，将个人与国家、家庭与国家、个人与社会、家庭与社会紧密联系。这种家国的责任源于对于具体工作的深度认识，对于具体工作的深切情怀，也源于海关人对于家国的牵挂、热爱和担当。

智慧海关建设是民族复兴伟大征程的组成部分。海关人更要以强烈的历史责任感和使命感，敢于担当、勇于奉献，以主人翁姿态为祖国建设事业添砖加瓦[②]，在对于科技兴关的理想的执着追求中，在各自的岗位上兢兢业业、努力奋斗、奋勇向前。

家国责任与情怀，是有温度的，是个体基于工作、基于生活、基于共同的经历，进而对家国所产生的强烈的情感认知。智慧海关建设中的家国责任与情怀，是海关人从海关科技发展的历程中，从具体的一线工作实践中，所能够体会到的个体与国家之间的时代责任。这种责任与情怀唤醒了海关人的个体意识和情感，是海关科技工作者和海关一线奋斗者具体的认识、具体的情

---

① 国家好民族好　大家才会好［EB/OL］.［2021 - 10 - 18］. http://theory. people. com. cn/n/2012/1204/c49151 - 19784706.html.
② 国家好民族好　大家才会好［EB/OL］.［2021 - 10 - 18］. http://theory. people. com. cn/n/2012/1204/c49151 - 19784706.html.　　。

感、感知的意志与实践行动的复合构成，体现出了海关人对于海关事业发展的高度情感认知，以及强烈的内在动力。

智慧海关建设中的海关家国责任与情怀，是超越了个体利益的，是对于海关、对于国家发展的共同关怀，是海关人在具体业务发展中所表现出来的一种社会属性。智慧海关建设是海关人积极参与海关科技工作，不断开展创新与求实，进而提升和推动海关治理现代化水平的重要过程。

从 H883 到"金关二期"，再到 H2018 的科技进步与发展，体现了科技兴关的坚定信念。改革开放以来，海关科技创新不断积累，为当今海关积极运用新技术、推动海关高质量发展打下了扎实的基础。海关系统认真学习贯彻习近平新时代中国特色社会主义思想，马上就办、真抓实干，大力推进海关科技创新，努力提升海关治理体系和治理能力现代化水平，为建设中国特色社会主义新海关提供有力保障。

二、智慧海关建设中的青年人的责任

在智慧海关建设中，青年人承担着未来科技兴关的使命，是推动海关现代化发展的储备力量。青年人，特别是具有一定文化修养的知识青年，也是祖国的未来和民族的希望[①]。青年人首先需要懂得承担责任，需要深度地认识智慧海关建设中所赋予的青年人求真、求实、创新的精神，以及赋予青年人勇于探索、勇攀科技高峰的精神。

青年人在学习和工作中，需要提升个人的素质，做到德才兼备，以德为先。青年人需要具有高尚的道德品质，需要掌握过硬的技术，具有良好的知识储备，为未来发展提供良好的基础。青年人的发展，需要与海关发展、海关科技进步、智慧海关建设等紧密连在一起。智慧海关建设中的青年人的责任，不是宏大话语的简单表述，而是对家国责任的理性思考和个人感悟的迸发。智慧海关中的青年人的责任，是对于实际行动的要求，是以个人实际行动为基础，生动地诠释智慧海关建设中青年人的责任和家国情怀；是以个人为要求，深刻认识科技兴关的重要责任，并能够在实际工作中切实地认识科

---

① 王剑峰.青年人对文化科技的历史传承责任[J].学习月刊,2014(20).

技兴关的重要任务,并在个人的工作和发展中能够不断地以实际行动践行使命,砥砺前行。

青年人在工作和学习中,需要有终身学习的理念和行动。当今世界,科技发展日新月异,世界海关组织(WCO)发布了"二十一世纪海关"战略文件,确立未来各国海关建设的基本原则和要素,更加积极倡导"为无缝链接的贸易、旅行和运输打造智能边境",引领各国海关开展现代化建设,维护全球的贸易安全与便利。世界各个国家海关科技创新的竞争态势不断加剧,依托大数据、区块链和人工智能等手段,不断开展挑战性的计划和发展,促进各国海关基础设施更新,推动海关信息化、数字化、智能化转型。面对日新月异的技术,面对激烈的国际竞争,青年人只有坚持终身学习的理念和行动,不断在实际的工作和学习中,提升自我,保持与外界同步,与国际发展同步,才能在未来技术发达的时代站稳脚跟,才能因势而谋、应势而动、顺势而为。

青年人在工作和学习中,也需要坚定求真、务实的理想与信念。青年人是海关未来的希望,也是中国特色社会主义事业的接班人,在未来国家的发展和建设中承担重任。青年人需要有求真务实的理想和信念,在学习和工作中不断成长,不断实现自我的人生价值;在此基础上,才能有强劲的动力,进一步投身于社会主义建设事业中。未来的国际竞争,归根到底是人才的竞争;未来的海关进步与发展,归根到底是青年人不断开创的。青年人的智慧和力量是推动未来海关科学技术进步和创新的重要智力支持和人力保障。

智慧海关建设中,青年人更加需要秉持德才兼备的发展理念,践行终身学习的行动,坚定求真、务实的理想,才能够更好地干好事业,才能够更好地为科技兴关贡献自己的力量,能够形成未来海关科技人才辈出的良好局面。

智慧海关建设是海关在面临新技术迅猛发展、国际竞争日趋激烈的情况下,不断突破自我进行发展的历程。以大数据、区块链和人工智能为代表的新技术,不断深刻改变海关日常的监管和工作环境,云计算、物联网、移动互联网、区块链和现代生物技术、超痕量检测技术等领域新技术的应用,也将不断地改变海关的作业方式和监管模式。智慧海关建设是海关长期以来技术发展的积极探索,是几代海关人和科技工作者,克难攻坚、不断进取的发展历

程。面对全球化的新形态,智慧海关建设更加饱含青年人的家国责任。青年
人要不断发展和完善自我,德才兼备,秉持求真务实的理想,在海关的工作和
学习中,不断以终身学习者的姿态,勇攀科技高峰,在激烈的国际竞争中,推
动海关治理能力的不断提升。

第六章　国门生物安全

2020 年 2 月 14 日，习近平总书记在中央全面深化改革委员会第十二次会议上指出，"把生物安全纳入国家安全体系，系统规划国家生物安全风险防控和治理体系建设，全面提高国家生物安全治理能力"①。海关作为国门生物安全的守护者，在践行总体国家安全观战略思想的基础上，主动融入国家生物安全体系，持续加强生物安全形势研判，优化国门生物安全治理，提升国门生物安全防控能力，是新时期社会主义现代化海关建设的战略选择。

第一节　国门生物安全是维护国家安全的关键环节

一、国门生物安全是国家安全的重要组成部分

（一）生物安全与国门生物安全

1. 生物安全的意涵及其延展

21 世纪以来，生物安全问题已成为国际社会关注的热点。2020 年 10 月 17 日，第十三届全国人大常委会通过了《中华人民共和国生物安全法》，强调"生物安全，是指国家有效防范和应对危险生物因子及相关因素威胁，生物技术能够稳定健康发展，人民生命健康和生态系统相对处于没有危险和不受威胁的状态，生物领域具备维护国家安全和持续发展的能力"。生物安全主要包括八个方面：一是防控重大新发、突发传染病、动植物疫情；二是研究、开发、应用生物技术；三是保障实验室生物安全；四是保障我国生物资源和人类遗传资源的安全；五是防范外来物种入侵和保护生物多样性；六是应对微生

---

① 中共中央党史和文献研究院.十九大以来重要文献选编(中)[M].北京：中央文献出版社,2021：520.

物耐药;七是防范生物恐怖袭击;八是防御生物武器威胁①。这里所说的"危险性生物因子",指的是能够产生威胁,且易于造成危害的管制性生物及其相关活动,包括生物武器、生物恐怖、人类传染病和动物疫病病原、植物有害生物、入侵物种、食源性病原微生物、濒危物种和物种资源等②。

2. 国门生物安全的缘起及其意涵

国门生物安全是世界各国共同面临的课题,通常指的是一个国家(或地区)处于一种没有因管制性生物通过出入境口岸进出国境而产生危险的状态。具体而言,国门生物安全是指通过综合性的风险管理措施,使一个国家(或地区)的农、林、牧、渔业生产,生态环境和公民身体健康,相对处于不受境外人类传染病、动物疫病(含人畜共患病)和植物有害生物的威胁,国家生物物种资源能够得到有效保护,并具备持续保持安全状态的能力。可以说,国门生物安全涉及农林业生产安全、人身安全、生态安全、经济安全以及社会安全等诸多方面③。

国门生物安全是国家安全的有机组成部分。国门生物安全作为非传统安全,与生态安全、资源安全、经济安全等传统国家安全息息相关。在实际工作中,国门生物安全工作主要是从入境防疫的角度,防止外来管制性生物进入本国(或地区)而产生危害。与此同时,国门生物安全工作是一项艰巨而长远的系统性工程,需要社会各界的广泛参与。从全球范围来看,世界各国普遍重视国门生物安全管控,并由此构筑起入境前、入境时和入境后的三道安全防线,以维护国家安全。譬如,入境前采取安全准入和海外预检,入境时采取现场检验,入境后采取隔离检疫等。

（二）海关是维护国门生物安全的重要屏障

筑牢国门生物安全防护网,维护国门生物安全是党和国家赋予海关的重要职责和使命,是国家主权在国门生物安全领域的重要体现。2018年,党和国家机构改革以后,海关工作职责中增加了防控国门生物安全的内容,现行的《海关法》《中华人民共和国国境卫生检疫法》《中华人民共和国进出境动植

① 中华人民共和国生物安全法[M].北京:中国经济出版社 2020:2.
② 陈晖.完善国门生物安全立法研究[J].上海法学研究,2020(1).
③ 周明华,游忠明,吴新华,等."国门生物安全"概念辨析[J].植物检疫,2016,30(06).

物检疫法》《中华人民共和国进出口商品检验法》《中华人民共和国食品安全法》等法律也明确了海关维护国门生物安全的 7 项职责,包括海关监管、出入境卫生检疫和出入境动植物及其产品检验检疫、海关风险管理、打击走私综合治理、海关科技、海关领域国际合作与交流、严守国门安全。上述职责分别对应海关总署内设的 10 个司局,包括综合业务司、风险管理司、卫生检疫司、动植物检疫司、进出口食品安全局、商品检验司、口岸监管司、缉私局、国际合作司、科技发展司等。

可以说,国门生物安全防控作为一项综合性、系统性、协同性的体系工程,在维护国家生物安全、提升国家生物安全防控水平方面发挥着举足轻重的作用。从世界范围看,美国的海关与边境保护局(CBP)就在该国的 300 多个口岸部署有 2 万多名海关工作人员,主要从事出入境旅客和货物检查,其中就包括 2 000 余名动植物检疫专家[①]。

第二节　国门生物安全防控助推 海关建设与发展

海关始终按照习近平总书记"筑牢口岸检疫防线"重要指示精神,坚持总体国家安全观,强化监管优化服务,持续筑牢"境外、口岸、境内"三道防线,严防各类疫情传入传出,保护人民生命健康安全。

一、海关是国门生物安全的执法主体

海关是国门生物安全的执法主体之一。海关主要在两个空间领域守护国门生物安全。一是国境口岸,这是海关执行国门生物安全最主要的空间领域。海关是我国口岸监管最主要的职能部门,在国家开放的口岸对进出境的人员、运输工具、货物、物品依法实施监管,排查各种生物安全风险,对发现的进出境和过境生物安全风险依法处置,严把国门生物安全。二是实验室,这是海关执行国门生物安全的又一重要空间领域。海关系统设立了

---

① 朱振.中国口岸开放的政治经济学分析[M].北京:中国经济出版社 2016:392.

大量实验室,实施生物安全检测,为严把国门生物安全提供了有力的技术支撑。同时,这些各类实验室,从设立到日常实验活动,也应遵守《中华人民共和国生物安全法》第五章(病原微生物实验室生物安全)的相关规定,确保实验室本身的生物安全。

二、海关防控国门生物安全的主要途径

海关主要通过三种途径执行国门生物安全:一是通过国境卫生检疫,能有效防止包括重大新发突发传染病在内的各类传染病传入传出,防范生物恐怖袭击和应对生物武器威胁,维护公共卫生安全;二是通过进出境动植物检疫,能有效防止包括重大新发突发动植物疫情在内的动植物性病虫害传入传出,保护生物资源安全和生态环境;三是通过日常的海关监管,对进出境运输工具、货物和物品实施查验等监管措施,执行进出口贸易管理政策,对维护生物技术的合法应用秩序,保护我国的人类遗传和生物资源安全,防范外来物种入侵,具有重要作用。

三、国门生物安全防控助推海关发展

(一) 口岸公共卫生体系逐步完善

海关积极探索构建强大的口岸公共卫生体系,预防、控制和应对突发公共卫生事件的能力在疫情大考中得以提升。

一方面,持续加强顶层设计,多层次开展法律法规研究,收集美国、欧盟等22个国家或地区公共卫生领域的法律法规63部,32个国家或地区针对新冠疫情出台的法律法规相关内容106条,开展国内外卫生检疫法律法规比较研究,为完善抗疫措施及相关法律法规提供借鉴。积极参与公共卫生领域法律法规修订,大力推动《中华人民共和国国境卫生检疫法》修订,不断强化公共卫生法治保障。

另一方面,不断强化监测预警,充分发挥全球传染病疫情信息监测网作用,不断健全多渠道监测预警机制,跟踪收集疫情信息,强化境外疫情研判,提出分级防控建议,依据风险评估结果,及时发布防止疫情传入公告和警示

通报,指导口岸科学精准开展疫情防控。成立专门疫情研判评估工作组,每日对境外疫情形势和防控措施变化情况进行收集研判,形成分析报告。针对全球疫情持续流行,将疫情防控由应急性超常规防控向常态化防控转变,不断落实和完善常态化疫情防控举措。

(二)口岸疫情防控措施日臻成熟

2020 年 1 月 3 日,海关总署对全国海关疫情防控工作作出部署。自 1 月 25 日在全国口岸重启健康申报制度以来,口岸检疫筛查环节严格健康申报核查、体温筛查、医学巡查,检疫排查环节严格开展流行病学排查、医学排查、实验室检测排查。检疫处置环节对判定的"四类人员"一律严格实施转运、隔离、留观。随着境外疫情不断发展变化,在制度化形成"三查、三排、一转运"检疫模式基础上,进一步对入境人员 100% 实施健康申明卡核验、两道测温、流行病学调查、采样检测,100% 做好信息通报和移交处置,对乘坐高风险航班入境的人员实施核酸加抗体"双保险"检测,以最大限度地实现早发现、早排查、早处置。

新冠疫情期间,海关不断强化对内对外的沟通联络,巩固联防联控工作机制,深化卫生检疫国际合作,积极构建"从境外到国门再到家门"的全链条防疫闭环,通过步步推进、层层深入、横向到边、纵向到底的"水陆空"口岸立体防控网得以织密织牢。抗疫斗争中,一支政治坚定、业务精通、令行禁止、担当奉献的海关卫生检疫专业技术队伍始终奋战在前线,智慧卫生检疫系统和装备也投入疫情防控工作中,防控能力得到显著增强。

(三)口岸公共卫生安全得到有力保障

1. 严格实施口岸人员卫生检疫

海关不断完善检疫查验机制,创新检疫模式,优化检疫流程,大力推动精准检疫,实现逢疑必查、逢警必处。持续健全口岸突发公共卫生事件应急处置机制,完善应急预案,强化应急演练,实现平战结合、快速响应。2016 年以来,全国口岸在入境人员中检出传染病 9 万余例,涉及传染病近百种;首次检出了黄热病毒病、人偏肺病毒病、O1 群霍乱、全球第 2 例库波热弹状病毒病等传染病病例;妥善处置了埃博拉病毒、中东呼吸综合征、寨卡病毒病等一系列重大传染病疫情;圆满完成了 G20 峰会、APEC 会议、上合峰会等重大国际活动保障,切实把好口岸公共卫生安全关和重大疫情防控关。

2. 扎实开展口岸病媒生物监测

海关持续推进病媒生物智能监测体系建设,应用最新物联网技术,通过无线信号传输将智能监测终端和数据管理平台连接,组成一个动态监测网络,借助云端数据处理技术,对数据进行计算分析,及时发布预警信息,实现对病媒生物的全方位、全天候、连续、实时的系统化监测。印发国境口岸病媒生物监测规定,统一规范国境口岸和输入性病媒生物监测和病原体检测工作。培养高精尖的病媒生物监测与控制人才队伍,成立全国口岸病媒生物监测与控制专家组,对病媒生物专业技术骨干实施定向培养。落实中越、中蒙等双边卫生检疫合作协议,与蒙古国、越南、俄罗斯等周边国家开展病媒生物跨境联合监测,"十三五"期间共捕获病媒生物 5 万余只。每年选取 10 余个"一带一路"重点口岸,采用专家组深入一线的方式,开展南方以蚊虫及其携带病原体为重点、北方以鼠类及其携带病原体为重点的专项监测。

3. 不断强化进出境特殊物品监管

随着生物工程科研和产业迅速发展,进出境微生物、人体组织、生物制品、血液及其制品等特殊物品数量与日俱增。海关不断加强进出境特殊物品检疫监管,深化特殊物品卫生检疫监管模式改革,对进出境特殊物品实行风险分级管理,建立了进出境特殊物品卫生检疫监管平台,推行无纸化在线审批,指导全国海关严格落实特殊物品风险评估、检疫审批、检疫查验和监督管理各项工作要求,未经检疫或者检疫不合格的特殊物品,不得进出境,有效防止了各种传染病通过特殊物品经口岸传入传出。

4. 国际旅行健康服务水平显著提高

初步建成全球传染病监测体系,筑牢第一道防线;不断完善口岸卫生检疫防控体系,筑牢第二道防线;大力夯实国际旅行健康服务体系,筑牢第三道防线。2016 年以来,全国国际旅行卫生保健中心(以下简称保健中心)持续提升监测能力,推动成立内蒙古、陕西、甘肃等 12 个省、自治区和直辖市国际旅行卫生保健中心西部联盟;持续加强各直属海关保健中心业务能力建设;定期对保健中心进行飞行检查和业务督导,明确分级管理职责,进一步规范业务管理、提升技术支撑能力;大力推动"国际旅行健康服务网"建设,全力打造海南一流国际旅行卫生保健中心,服务海南自由贸易港。据统计,"十三五"期间,全国保健中心共开展出入境人员监测体检440余万人次,先后检出鼠疫、霍乱、黄热病、中东呼吸综合征、裂谷热等重大烈性传染病。

5. 口岸公共卫生核心能力稳步提升

公共卫生核心能力是世界卫生组织(WHO)颁布的《国际卫生条例(2005)》[International Health Regulations(2005),简称 IHR]对缔约国公共卫生水平的要求,是构建具有中国特色的海关口岸公共卫生体系的重要内容,写入了中共中央、国务院 2016 年印发的《"健康中国 2030"规划纲要》。IHR 中也明确提出了相关建设要求。我国公共卫生核心能力建设工作由国家卫生健康委员会牵头负责,海关作为口岸卫生主管部门,具体负责口岸公共卫生核心能力的建设工作。

海关对接 IHR,依照《中华人民共和国国境卫生检疫法》,结合生态文明建设、总体国家安全观、国家治理体系和治理能力提升等要求,充分发挥政府、口岸运营者、海关在核心能力建设中的作用,调动相关监管部门和技术服务资源共同参与口岸核心能力建设,在"政府主导、企业主责、海关主管、部门联动"原则指导下,形成了口岸核心能力动态管理机制。通过不断的努力与建设,取得了显著成效,营造了良好的口岸开放环境,提升了口岸公共卫生风险防控能力,履行了缔约国承诺。截至 2021 年,全国 275 个口岸达到口岸核心能力建设要求,同时还形成了创建"国际卫生港"的中国特色经验。

此外,海关持续推进 IHR 口岸合作中心工作,承担并参与 WHO 全球口岸病媒生物监测鉴定平台设计,为 WHO 的港口、机场和陆路口岸的媒介监测与控制提供现场测试和编写培训材料,与 WHO 联合举办西太平洋地区船舶查验和签发船舶卫生证书国际培训班、西太平洋地区口岸核心能力国际研讨会、航空领域公共卫生事件管理国际培训班、WHO 港口机场和陆路口岸网络论坛、陆路口岸公共卫生核心能力国际研讨会等活动,为 WHO 提供高水平的技术支持,实现中国经验与世界共享。中国海关卫生检疫国际影响力不断提升,为推动构建人类卫生健康共同体作出了应有的贡献。

四、加快国门生物安全体系建设的重要性

1. 国家生态安全层面

建立国门生物安全体系,就是要通过制定有效的公共政策和措施,防范人类传染病和重大动植物疫情跨境传播,保护国家农、林、牧、渔业生产安全,保护生态环境安全和人民群众生命健康安全,促进外贸经济健康发展。

2. 国际贸易层面

建立国门生物安全体系是国际谈判的重要砝码,有利于我国在国际贸易中占据有利地位。世界各国在遵循取消关税壁垒约定的同时,为保护本国利益,都在设法不断提高技术性壁垒,以限制进口商品对本国经济的冲击。在关税措施被弱化以及以其他非关税措施应用受限的情况下,应用口岸公共卫生和动植物检疫作为技术性贸易措施,在调节或平衡国际贸易、保护本国市场、促进经济发展等方面发挥着越来越重要的作用。

国门生物安全主要因管制性生物通过出入境口岸进出国境而产生危险,是一种非传统安全,但它产生的危险后果可能对动植物、微生物及人体生命健康、农业生产、环境资源、国际贸易都会带来重大影响,进而影响一个国家的政治稳定、生态环境、经济和社会发展,甚至影响国家间的关系,从而跨越了生物安全和生态安全的界限,也可能跨越非传统安全的界限,影响到国家的传统安全。这是国门生物安全的特殊性。

总而言之,进入21世纪,随着人类活动范围不断扩大、跨境流动日益频繁,全球埃博拉病毒病、寨卡病毒病、拉沙热等新发突发传染病不断涌现,鼠疫、霍乱、黄热病等传统重大传染病持续流行,严重威胁人类健康,国门生物安全面临前所未有的巨大挑战。与此同时,海关口岸公共卫生体系作为国家疾病预防控制体系的重要组成部分,承担着防止传染病传入传出、保护人民群众生命健康安全的神圣职责。随着"健康中国"战略的实施,国家和人民群众对平安和健康的需求越来越高,海关口岸公共卫生体系面临着巨大挑战,也迎来了难得的历史机遇。从长远看,海关国门生物安全体系的发展完善,是一项长期的、艰巨的任务,需要多方面保障,才能确保其科学发展、行稳致远。相信在"十四五"时期,海关将着力构建完善的中国特色海关国门生物安全体系建设,进一步提升制度创新和治理能力建设水平,实现历史性跨越,为

维护人类健康安全服务，千方百计促进经济社会高质量发展。

第三节　国门生物安全防控机制及其面临的时代挑战

一、国门生物安全面临的形势与挑战

21世纪可谓是生物时代，生物资源和技术的开发、保护、利用呈爆炸式增长态势。随着全球化进程的加速，国际贸易和人员往来快速增长，由此引发的生物安全事件在总体国家安全事件中占比越来越高，面临的挑战与压力也越来越大。当前，受国内外多重因素的影响，全球重大传染病疫情、生物武器威胁、生物恐怖主义、生物入侵与生物多样性丧失、微生物耐药、实验室生物安全、生物技术谬用、遗传资源流失和剽窃等生物安全形势趋于严峻，潜在已知危险性生物、未知生物通过口岸进入国内的风险日趋增大，海关面临的挑战日趋加剧，中国面临的生物安全风险日益加大。

（一）生物安全形势日趋严峻

1. 外来生物入侵形势严峻

我国是世界上遭受生物入侵危害最为严重的国家之一。截至目前，已确认入侵我国的农林生态系统的外来有害生物已达640种，重大入侵物种约120余种，其中农业入侵生物约占68％，来自"一带一路"沿线国家的入侵物种约占50％。外来物种入侵呈现出传入源头增多、传入频次加快且多点入侵的新特点。2011年以来，我国每年新入侵物种多达五六种，口岸截获的外来有害生物种类和频次分别增加9.8和51.5倍。动植物疫情扩散更是造成生态灾难和巨大损失，全球每年因外来生物入侵的损失高达4 000亿美元。非洲猪瘟、禽流感、蓝舌病、草地贪夜蛾、沙漠飞蝗、马铃薯甲虫等病虫害疫情肆虐全球，给世界经济造成巨大的经济损失和社会压力，引发国际贸易争端。

2. 传染病风险日趋加剧

进入21世纪以来，全球频繁暴发传染病疫情。如在国际上引起广泛关注的非典、禽流感、甲型H1N1流感、埃博拉出血热、中东呼吸综合征、新型冠状

病毒感染疫情,以及在部分国家、地区小范围爆发流行的霍乱、黄热病、登革热、鼠疫、拉沙热等疫情。一方面,随着全球一体化进程,经贸往来、旅游、求学等交流互动行为不断增多,跨国交通的便捷使得国际交流进一步频繁,人员的流动更加快速、密集,在很大程度上增加了传染病在全球传播的危险性。另一方面,全球气候变暖改变了原有的生态系统,并导致传染病病原体的存活变异、活动区域变迁、媒介生物滋生范围扩大、病原体活动增强、致病力增高等后果。此外,我国气候条件复杂、生态环境脆弱,全球气候变化的不利影响已经显现,传染病扩散可能进一步加剧。2019 年,WHO 通报传染病暴发事件 119 次,比上年增长 30.8％。

3. 生物恐怖袭击威胁加剧

因炭疽杆菌、蓖麻毒素等生物制剂具有易于获取、毒性高和损伤性强的特点,国内外恐怖分子用其制造恐怖事件。2001 年美国"炭疽邮件"事件震惊全球,虽然该事件仅导致 22 例患者和 5 例死亡,但仅接受预防性治疗的人群就多达 3 万余人,对经济造成的损失无法估计。该事件标志着生物恐怖袭击已成为现实威胁,促使各国高度重视对生物恐怖袭击的防御。据悉,全球 150 多种危险病毒都有可能被恐怖分子作为生物武器,而且生物恐怖行为又难以根除,防御难度极大。中国 2001 年后在多个口岸截获"白色粉末"类邮件,虽未造成实质性危害,但对公众的心理造成了较大的恐慌。随着科学技术的不断发展,未来国内外恐怖势力使用生物武器等大规模杀伤性手段,以最小代价造成最大影响的危险趋势不可低估。

4. 实验室生物安全隐患不容忽视

美国在 2001 年"炭疽邮件"事件后,为应对恐怖主义,高等级生物安全实验室数量显著增加。生物安全防护三级(P3)实验室在欧洲各国均有不同规模的建设,英国、荷兰、瑞士、瑞典、比利时等国建设的 P3 实验室已超过 20 个,德国的 P3 实验室数量更是多达 106 个。P4 实验室在欧洲的分布也非常广泛,荷兰、捷克、英国、瑞士、匈牙利、德国、瑞典、西班牙、法国、意大利、挪威、丹麦均建有 P4 实验室,数量以英国和德国居多。这些研究机构的实验设施一旦发生意外泄漏,病原体会立刻进入周边环境,给动植物和人类带来巨大的威胁。

5. 国际社会间的生物较量和博弈显著增加

一方面,前沿性生物技术的滥用或谬用时有发生,造成生物安全人为威胁加剧。另一方面,各国为了抢夺国际话语权和主导权,开展了激烈的生物较量和博弈。2018 年,英国发布了《生物安全战略》(Biological Security Strategy)、美国发布了《国家生物防御战略》(National Biodefense Strategy),旨在抢占国际生物安全战略制高点。美国还制定了生物盾牌、生物监测、生物传感等计划,投入巨资研究蝙蝠与冠状病毒、基因编辑等[1]。此外,各国间以生物安全名义实施的技术性贸易措施、国际旅行限制措施愈发频繁,从而限制了货物和人员合理流动。2019 年,有 63 个 WTO 成员发布了 1 762 件动植物卫生检疫领域预警通报,比上年增长 8.03%。新冠疫情发生后,陆续有 92 个国家或地区实施禁止外国人入境政策,一些国家还采取了关闭口岸、禁止进口贸易等严厉举措。

(二) 生物安全风险加剧

1. 有害生物传入渠道日益复杂

随着全球市场联系日趋紧密以及我国全方位对外开放格局的形成,使得全球要素市场、物流系统以及人员往来日益频繁。此外,以跨境电商为代表的新兴业态和不断增长的国际旅行人数,使得生物安全风险传入呈现碎片化、隐蔽化的特点,极易通过国际邮包和行李等渠道传播扩散。

2. 生物安全威胁类型呈多样化

除了传统的人类传染病、动植物疫病和病媒有害生物外,海关面临的新型生物安全威胁不断升级。2016—2019 年,全国口岸检出核生化超标 21 908 起;查办走私入境野生动物及其制品案件 747 起,其中 2019 年查办 416 起,比上年增长 92.59%。此外,转基因生物安全、生物技术滥用或谬用、生物战威胁、恐怖主义等潜在危险也不可低估。

3. 生物安全风险损失逐年增大

我国已成为世界上遭受生物入侵危害最为严重的国家之一。生物入侵在我国呈现种类多、蔓延快、危害重的特点。20 世纪 70 年代以来,全球新发传染病 40 多种,其中在我国新发的有 20 多种[2]。我国已知的农林外来入侵生物达 640 余种,其中近 20 年传入我国的入侵生物多达 60 余种,大面积发

---

① 刘光宇,付宏,李辉.情报视角下的国家生物安全风险防控研究[J].情报杂志,2021,40(07).
② 李新实,张顺合,刘晗.新常态下国门生物安全面临的挑战和对策[J].中国国境卫生检疫杂志,2017,40(04).

生、危害严重的多达 100 余种,每年造成的经济损失多达 2 000 亿元[①]。

二、国门生物安全防控机制的构建及其成效

(一) 国门生物安全防控机制的构建

随着社会公众生物安全意识的觉醒,使得全社会对于海关严守国门,拒生物安全风险于国门之外的期望愈发强烈。缘于此,中国海关总结"中国智慧",推广"中国方案",相应地承担起加强生物安全管理的国际义务,构筑起具有鲜明特色的海关国门生物安全防控机制。

1. 构筑国门生物安全风险防控体系

机构改革以后,海关总署在全国设立有 3 个风控中心(上海、青岛、黄埔),分别对应空港口岸、海运口岸、陆路口岸的风险管理。在大数据分析和精准风险研判的基础上,面向海关监管一线下达查验指令;同时在相关职能部门的协同参与、现场单位的辅助决策和风控部门的归口管理下,构筑起"三位一体"的海关风险防控机制,重点对进出境口岸的货物和商品等展开随机查验,构筑起防控屏障。当出现异常情况时,风控中心将根据实际情况,按照国家应急总体工作要求,相机制定预案开展应急处置。

2. 国门生物安全执法体系初见雏形

为了进一步加强国门生物安全执法体系建设,出台了各类相关法律法规,其中,传染病防控法规 5 部、外来生物防控法规 2 部、生物技术谬用防控法规 4 部、生物反恐法规 1 部、特殊生物资源保护法规 8 部、生物安全突发事件应对法规 6 部。上述法律法规的制定,为提升海关国门生物安全执法能力建设提供了必备保障。

3. 国门生物安全防控合作逐步增强

国际上,中国积极参与全球生物安全治理,成立了 WHO 合作中心。同时,与 73 个国家或地区构建起动植物检疫交流合作机制,签署动植物检疫合作文件 282 份。国内方面,海关总署不断强化部际合作,与国家卫健委、农业农村部、生态环境部等建立了协调配合机制。同时,海关总署在内部也不断

[①] 郭建洋,冼晓青,张桂芬,等.我国入侵昆虫研究进展[J].应用昆虫学报,2019,56(06).

强化防控体系建设,针对跨境传染病防控建成了全球传染病监测系统、口岸卫生检疫防控体系、国际旅行健康服务体系三道口岸防线;针对动植物疫情,建立了进境前、进境时、进境后三道防线,并配套建立检疫准入、境外企业注册登记和境外预检、指定口岸、口岸查验、实验室检测、隔离检疫、检疫处理、风险监测与预警等12项制度体系。

2021年初,全国已有308个对外开放口岸,公共卫生核心能力建设100%达标,WHO给予"非凡"的评价。海关总署还全面推进动植检规范化建设,建成了重点、区域、常规三级实验室网络,以及我国首个鱼病OIE参考实验室。同时,全国创建了国际卫生港或卫生机场24个,建立了2个国家反恐怖防范重要目标联系点。上述举措,使得国门生物安全防控保障体系初具规模。

(二)国门生物安全防控机制的成效

1. 境外传染病防控成效显著

"十三五"期间,全国口岸检出境外输入登革热、甲型H1N1流感等传染病病例2.2万例,年均0.44万例。2019年,全国口岸检出境外输入传染病病例1.6万例,比"十二五"期间年均检出量高出2.64倍。2020年以来,全国海关检出境外输入新冠病毒核酸阳性或移交确诊病例数不断增加。不仅是新冠疫情,近年来诸多口岸传染病病源日益增多,甲型H1N1流感、中东呼吸综合征、登革热、寨卡等相继出现高发态势。

2020年,新冠疫情在全球范围内暴发,海关作为国门第一道防线,在外防输入中始终坚守国门第一线。为此,海关采取了精准实施口岸卫生检疫,"织密""织牢"口岸防控网,形成联防联控闭环,健全口岸公共卫生体系,以及加强口岸疫情防控国际合作等方式,有效地减轻了境外疫情的传播风险,为全力打好疫情阻击战作出了重要贡献。

2. 动植物检疫战绩硕果累累

非洲猪瘟、禽流感、蓝舌病、草地贪夜蛾、沙漠飞蝗、马铃薯甲虫等动植物疫情肆虐全球,造成了生态灾难和巨大损失。全球每年因外来生物入侵的损失高达4 000亿美元。2019年4月15日,宁波海关隶属梅山海关就在一艘入境渔船上发现大量活体蜚蠊虫样。经实验室鉴定,共捕获17只外来病媒昆虫——德国小蠊,并检出肺炎克雷伯菌肺炎亚种病原体。在此次截获的德国小蠊中检出的肺炎克雷伯菌肺炎亚种属革兰阴性杆菌,是人体感染的常见细菌,能引起下呼吸道感染及败血症,甚至死亡。

3. 特殊生物资源保护作用明显

海关总署始终贯彻落实习近平总书记的重要指示批示精神,持续做好濒危物种保护,严厉打击象牙、野生动植物走私,从而保护生物多样性,构筑生态文明。2019 年,海关总署共立案侦办濒危物种及其制品走私犯罪案件 470 起,比上年增长 2 倍,查获各类濒危物种及其制品 1 237 吨。同年,全国海关检出不合格血液制品 1 040 批,截获非法出入境血液制品 127 批次[①]。

(三) 健全和完善国门生物安全防控机制

1. 推动海关国门生物安全律法规的修订

一是经法律授权明确海关相关职能。新制定的《中华人民共和国国门生物安全法》,明确了海关在国家口岸维护生物安全方面的职能,并赋予了相应的执法手段,但就如何依法实施行政处罚,做好刑法衔接工作,严守国门生物安全职责,以满足当前维护国门生物安全需要等内容缺乏细则。下一步在《海关法》修订中,应考虑增加生物安全边境保护、反恐维稳等海关新职能,在总则中明确海关国门生物安全职能的法律地位,为出台相应的具体实施办法提供法律依据。

二是完善保障国门生物安全防控的权力条款。国门生物安全法规在符合刑法等法律的前提下,就生物技术谬用、人类遗传资源非法使用、破坏生态环境、生物资源流失行为等方面所存在的规范缺位进行补足,并加快修订生物多样性、野生动植物、生态保护和生态平衡等与国门生物安全配套的法规。对实施条件成熟的,应当及时上升为上位法。譬如,《中华人民共和国国境卫生检疫法》规定了海关检疫传染病染疫人及染疫嫌疑人职权,但对出境检测的其他疾病病种和目录没做明确规定,对其他需重点关注的传染病缺少具体检疫要求,也缺少对采取留验、限制出境等强制措施的规定。当前,最高人民法院、最高人民检察院、公安部、司法部、海关总署联合印发《关于进一步加强国境卫生检疫工作依法惩治妨害国境卫生检疫违法犯罪的意见》(以下简称

---

① 海关总署.2019 年立案侦办走私犯罪案件 4 198 起[N].科技日报,2020 - 01 - 17.

《意见》)①，为惩治妨害国境卫生检疫的各类违法犯罪行为，坚决遏制疫情通过口岸传播扩散，维护公共卫生安全提供有力的法治保障。《意见》弥补了《中华人民共和国国境卫生检疫法》对于强制措施的规定不足。在条件成熟时，以上规定应当纳入《中华人民共和国国境卫生检疫法》中，补足强制性措施实施的法律依据。

2. 健全海关国门生物安全防控机制的制度保障

一是加快完善海关国门生物安全风险监测预警机制。健全现有检测体系，改革检测机制，加强战略谋划和前瞻布局，打造反应灵敏、信息真实的传染病和动植物疫病疫情风险监测预警机制。具体做法包括：① 按照共建共享的原则，将分散在各部委的涉及国门生物安全的数据集中起来，加快国门生物安全大数据应用，提升国门生物安全管控的智能化水平，构建国门生物安全大数据库；② 将大数据与海关维护国门生物安全应用场景紧密结合，与红外低温探测、CT机检测、图像比对、风险布控等新技术手段并联，建立智能化的风险评估模型，实现国外疫情监测、风险预警、风险处置及快速反应智能化，保障对国门生物安全状况的定期检测和突发事件的及时评估。

二是提升海关国门生物安全防控能力建设。按照分类分级管理的原则，加强口岸规划和布局，对各口岸功能予以定位，在国家层面出台"国家口岸生物安全监管基础设施建设要求"，明确建设主体、资金来源、验收程序、优化以及退出等机制。重点推进和完善海关国门生物安全的检疫查验、口岸监测、检测鉴定、检疫处理等设施设备，尤其是加大高新科技设备配备的力度。向科技部争取海关国门生物安全科研项目，开展国门生物安全检测鉴定、处理、监测等科技攻关，解决口岸"检得出、检得准、检得快"等急需问题。在"十四五"规划中，可采取中央与地方共同配套投入的方式，分类加大口岸国门生物安全软硬件建设，以期在未来5—10年建成具备国际先进水平的海关国门生物安全治理体系和治理能力。

3. 完善海关国门生物安全防控运行机制

一是做好顶层设计和长期规划。在加强顶层设计方面，应考虑优化国门生物安全治理体系，着力构建国门生物安全领导（决策）体系、组织协调体系、

---

① 关于进一步加强国境卫生检疫工作依法惩治妨害国境卫生检疫违法犯罪的意见[N].法制日报，2020-03-17.

风险防控体系、监督体系和法治体系。同时推进长远规划,制订国门生物安全总体规划,分阶段、分重点解决重大问题和事项,从而推进社会共治局面的形成,加快实施《2020—2025 年海关口岸公共卫生发展规划》《2020—2025 年海关动植物检疫发展规划》和《全国动植物保护能力提升工程建设规划(2017—2025 年)》。在管控体系健全方面,应围绕口岸防控,构建更加完善的生物安全防控体系、应急管理体系、监测预警和监管体系、口岸生物反恐体系;围绕社会共治,设置检验检疫、联防联控、群防群控等三道防线。

二是建立完善管控联合协同体制机制。① 实行集中领导。应将抗击新冠疫情中建立的国务院联防联控机制的做法固化下来,建立常设的国门生物安全联防联控部际合作机制,作为国家生物安全部际合作机制的分委会。考虑到国门生物安全管控与通关便利化的有机衔接,可将该分委会办公室设在海关总署,并贯通到地方。同时,建立中央统筹、高度专业、常驻地方、快速集中、高效配置的重大疫情防控国家队。建立国门生物安全战略储备制度,实行集中储备与分散储备相结合。② 加强部际协作。推动组建国家口岸风险评估与布控中心,强化口岸管理相关部门在国门安全治理方面的合作。加强与农业农村部、国家卫健委等部际协作,建设国家外来有害生物防控平台,整合外来入侵生物名录,发布检疫性病媒生物名录,推动高风险生物因子名录化管理。

三是加强人才队伍建设和组织模式创新。① 加强专业人才培养。提升专业人员的岗位匹配度,加强在职教育、专业复训、在岗培训、应急演练,引进急需的高层次人才。另外,在高校可以开设海关国门生物安全课程,设立硕士点和博士点,加快构建海关国门生物安全理论体系。② 加强专家队伍建设。提高人才队伍规划的科学性,建立海关国门生物安全人才工程战略,打造以国际人才为标杆、学科带头人为引领、基层技术骨干为支撑的人才队伍。选派中青年专家到国际专业机构进行长中短期培训和技术交流,造就一批面向新时代的海关国门生物安全管理专家和技术人才队伍。③ 创新专家团队管理模式。组建跨部门的国门生物安全专家组,设置风险评估、口岸防控、监测预警、应急处置、科技支撑、信息宣传等方面的分专业组。采取"扁平化"的专家团队管理制度,授权专家参与政策制定,缩减行政决策层级,完善专家队伍的使用、激励机制,鼓励人才干事创业。

4. 拓宽国际视野和提升国际话语权

一是推进生物安全的国际共治。加强与世界卫生组织（WHO）、世界动物卫生组织（World Organization for Animal Health，简称 WOAH，曾用源自法语的简称 OIE）、国际植物保护组织（International Plant Protection Convention，简称 IPPC）等合作，合理恰当地运用 SPS/TBT 规则。积极参与国门生物安全国际规则和标准的制修订，促进国际生物安全全球治理。跟踪国际发达国家做法，做好比对分析，借鉴完善我国治理体系，提高国际话语权。主动参与《生物多样性公约》（Convention on Biological Diversity）、《卡塔赫纳生物安全议定书》（The Cartagena Protocol on Biosafety）、《名古屋遗传资源议定书》（The Nagoya Genetic Resources Protocol）谈判进程。

二是加强生物安全的国际合作。建立关口前移的国际疫情防控模式，建立紧急疫情状态下的援外机制，帮助东盟国家和"一带一路"沿线国家或地区提升国门生物安全防控水平。积极响应国家重大战略决策，参与重大国际活动。在"一带一路"峰会期间，推进落实贸易便利与生物安全相关的平行主题。

三是主动对接服务国家战略。① 融入战略大局。积极参与国家生物安全战略的制订，研究制订"国门安全战略纲要"，定期开展国门生物安全风险的评估和防控对策研究，统筹协调国门生物安全战略及其实施中的重大方向性和政策性议题。② 服务国家战略。服务"一带一路"倡议、农业"走出去"、现代种业、生物物种资源保护与利用等国家战略。加强与生物安全相关的技术性贸易措施、产品质量、疫病疫情等大数据挖掘和分析，提供更多的政策供给、手段储备、监管支撑，更好地服务于国家战略利益博弈的需要。

海关作为国门安全的前哨，亟须从体制和机制等方面入手，强化海关在国门生物安全防控中的重要作用。近年来，随着我国对外贸易及经济社会发展展现出强大活力，也不可避免地带来了一系列安全风险，因此有必要强化国门安全风险意识。当今世界秩序和格局已进入了一个变革和调整期。作为负责任的大国，中国提出的解决方案是构建"人类命运共同体"，要在全球化过程中保护自身安全、获得更大发展的同时，保护各国主权、安全和发展利益。国门生物安全问题日益受到国际社会的关注，迫切需要依靠现代科技全面提升国门生物安全风险防控能力，来满足新时代国家发展与大国外交需求。

鉴于此，海关要以习近平新时代中国特色社会主义思想为指导，深入贯彻习近平总书记关于全面提高国家生物安全治理能力的重要指示批示精神，不断加强口岸环节的生物安全风险管控，筑牢国门生物安全防控网，从而确保我国生物安全发展。为此，我们要认真总结分析全球疫情防控中的经验和不足，把握好生物安全纳入国家安全体系的战略机遇期，从国家和海关两个层面着眼，从顶层设计、法规体系、体制机制、队伍建设、能力提升等多维度着力，尽快构建适应国家治理体系和治理能力现代化要求的国门生物安全防控体系，为确保党和国家长治久安、实现"两个一百年"奋斗目标提供坚强的安全保障。

第七章　建设清廉海关

清正廉洁是融入中国共产党人血脉之中的不变本色,也是中国共产党人代代传承的红色基因。海关肩负国门安全责任,海关廉政对于国家社会经济安全具有重大意义。"把关必先治关,治关必须从严"。历史与现实证明,只有营造风清气正的良好海关政治生态,坚持不懈改进作风,切实加强纪律建设,才能为海关改革发展提供坚强保证。

第一节　"清廉"的内涵与海关清廉的重要性

海关作为国家进出境监督管理机关,其承担的监管、征税、查验、缉私等职责都具有高风险性。因此,清廉海关是清廉政治在海关工作中的具体体现,对于深入推进海关事业可持续发展、确保海关充分发挥职能作用具有重要的现实意义。

一、清廉文化的内涵与新时期廉洁政治目标的要求

在《说文解字》中,"清"本义为水清,引申为纯净;"廉"本义为厅堂的边角,直上直下,有棱有角,引申为人品正直。根据以上释义,"清廉"意为清正、廉洁,清廉者应做到对名对利,不贪、不占,全心向善,洁身自好,呈现"出淤泥而不染"的人格品性。

在政府的实际运行过程中,清廉文化要求政府机构在政治生态方面做到党风端正纯洁、政府风气清新;在行政程序方面做到行政行为"规范化"、行政过程"透明化"、行政结果"责任化";在行政执法方面做到公正执法、文明执法、廉洁执法;在行政成本方面做到行为规范、运转协调、公正透明、廉洁高效。

党的十八大报告提出,坚持中国特色反腐倡廉道路,坚持标本兼治、综合

治理、惩防并举、注重预防方针，全面推进政治和廉政体系建设，做到"干部清正、政府清廉、政治清明"。这一建设廉洁政治的重大任务的提出，表明党不仅把反腐倡廉建设看作是党内事务，而且将其当作关系国家政治走向的重大问题来对待，体现了党对反腐倡廉的认识更深、站位更高、视野更宽、要求更严。

二、海关廉政建设的重要性

1999 年，世界海关组织前秘书长达内（Michael Danet）先生曾在海关廉政论坛上指出，"世界上几乎没有任何一个公共机构能够像海关那样典型存在着如此多的易于导致机构廉政问题的先决条件。行政管理上的垄断和广泛的自主处理权相互之间强有力结合，特别是在缺乏适当监督和责任制度的工作环境下，极易产生廉政问题"[1]。

具体而言，海关廉政风险包括以下方面。

（一）关员位于执法第一线，易受不良习气侵蚀

我国海关高风险岗位的关员一般都在距离机关较远的现场或外出作业，每天与企业、报关员打交道，既是海关业务的第一线和对外窗口，也是海关政治思想和监管工作的神经末梢。关员在接受海关内部廉政教育的同时，也受到社会上不良习气和思想的侵蚀。因此，一线关员的价值观念对其执法取向产生重大影响。

（二）关员在执法中有自由裁量权，存在廉政风险

英国著名法官霍尔斯伯（Halsbury）曾提出，自由裁量是指任何事情应在自由裁量权范围内去行使，而不是按照个人观点行事；应按照法律行事，而不是随心所欲；应该是法定的和固定的，而不是独断的、模糊的、幻想的，必须在所限制的范围内行使。海关廉政高风险岗位的业务运作直接关系企业的通关成本和商业利润。但进出口商品千变万化，海关关员难以样样精通，客观

---

① 邱岳.海关执法腐败原因分析与惩治对策研究[D].天津：天津大学硕士学位论文，2007.

上存在权力与岗位技能之间的矛盾。同时,现场通关压力较大,因受到场地、时间、设施的制约,查验条件往往十分有限,在"查验""派单"等岗位的关员只能根据风险布控,选择性地实施查验。该查验主要还是依靠海关关员的经验和主观感觉。其他高风险岗位的业务操作,同样也是主要依靠人为的主观判断,关员的自由裁量权很大。

这一情形直接导致海关廉政案件中体现出基层海关发案率高,科级干部涉案比例大的特点。据统计,在海关廉政立案案件中,三级以下海关单位发案占比76%;在受处分人员中,科级干部占比72.8%。这一发案规律,与海关执法权力下沉,征、免、验、放、查等具体权力行为,以及相关的自由裁量权主要在基层行使密切相关。

(三) 关员与工作对象接触密切,存在关系变异风险

因工作关系,海关关员每日与工作对象直接接触,许多关员更是长年累月与同一企业的同一货主、同一报关员打交道。有的货主、报关员还是海关关员的朋友、熟人。这些人谙熟与海关关员交往的"技巧",对海关内部的人事关系和业务运作也十分了解,有的甚至掌握海关业务规律。海关关员与企业的接触本应是正常的工作关系,但稍微处理不当,很容易形成关系变异。

第一,不法分子拉拢腐蚀海关人员的手法变换多样。一些不法企业在惯用传统手法的同时,逐渐趋向使用"感情投资"等潜移默化、相对隐蔽的手段拉拢海关人员,平时施以小恩小惠、称兄道弟,笼络感情。相互关系熟络并握有把柄之后,再大笔行贿,要挟海关人员为其提供方便、护私、放私或参与走私,甚至形成固定利益关系,试图长期内外勾结。

第二,一些曾被海关开除辞退人员,以及社会上一些所谓"能人",利用与海关的熟人关系,为违规违法企业打招呼说情、请吃送礼,并为个别关警员寻租牵线搭桥,充当利益输送的"掮客"。

第三,报关员审批资格取消后,一定程度上出现不具备专业技能或专业技能较差的人员涌入报关行业的情形,致使报关单申报质量出现下降,海关通关速度及时效性受到影响。在这一形势下,少数报关员为谋求私利,假借海关名义向委托报关企业收取所谓的"攻关"费,损害海关形象。

因此,作为廉洁政治在海关工作中的具体体现,廉洁海关对于维护国家

和社会经济利益,维护海关形象关系重大,对于深入推进海关事业可持续发展,确保海关充分发挥职能作用具有重要意义。

第二节　中国海关廉政建设的历史传统

海关高廉政风险的特点决定了廉政工作对于海关有效运行的重要性。自古以来,中国海关即高度重视清廉建设。中国海关的发展史,也是一部清廉海关建设的历史。

一、传统中国海关的廉政历史

在中国封建社会时代,历代统治者皆较为重视海关廉政建设。1080 年,宋朝政府制定《广州市舶条法》。该文献被认为是中国历史上第一部贸易法规。市舶条法中认为,官风吏治与海外贸易发展的关系十分紧密,如果市舶官吏不称职,海外贸易就会受到影响,进而减少国家的财政收入。根据该法规的精神,宋朝政府十分重视海关职业管理,对市舶得当的市舶官员可享受朝廷嘉奖或擢升;与之相反,对于那些利用职权私收舶商财货、私自从事海外贸易的市舶官员则采取处罚、处刑等多种方式,来确保海外贸易的正常进行。如《宋史·食货志》记载,熙宁七年(1074 年)时"市易务吕邈人舶司阑取蕃商物,诏提举司劾之"[1],即是一则当时海关惩治不廉官员案例。

元代的海外贸易条例《市舶则法》颁布于 1293 年,其中有多项规定涉及海关的廉政建设。如其中第二条规定任何官员如用自己的船只经营海外贸易,都应照章纳税。第三条中规定各级官吏强迫舶商之家捎带本钱出国经营牟利行为一律禁止,违者官吏罢职、货物充公,告发检举人得到没收赃物款项的1/3 作为奖赏。第四条规定,因公出使海外人员,如夹带百姓本钱贸易营利者,必须交纳市舶税;出国公派人员如采购得奇珍异物、要进贡物品,应让市舶司登记,由行泉府司行文转行省,再由行省上奏中书省备案,进贡货物数量品目必须同公文所列两相一致。第二十条规定,市舶司派出官员对出国商船

---

①　宋史·食货志(下),卷一百八.

进行禁品检查时,有关官员必须立下保证书,一旦以后发现官员有作弊行为,应对其进行处罚,并明确规定了处罚标准,即犯者"决杖一百七下,官员解见任,降二级,受财容纵者,以枉法论"①。其中关于官员在从事或监管对外贸易中所应当遵从的规则、惩罚标准、检举揭发奖励规定已十分详尽。

二、近代中国海关廉政建设的历程与评价

近代以来,中国海关在被半殖民地化的同时,在外籍税务司统治下,客观上也形成了不同于当时其他政府部门的廉政建设体系,其成败得失也可被视为可资借鉴的廉政历史经验的一部分。

从服务西方列强在华利益的长远目的出发,以赫德为代表的外籍总税务司们在自己控制下的中国海关逐步建立了高薪养廉、注重实务的选官以及严厉的惩戒制度,强调所谓的"公仆"等海关职业理念。这些制度与理念不断地发展,构成了中国近代海关廉政制度的一个整体体系。

对于近代中国海关廉政建设的评价,社会上素来存在一些偏颇溢美之词。事实上,我们需要从历史唯物主义史观出发,综合考量其主观目的和客观效果。服务于列强在华利益是近代中国海关外籍税务司制度的本质,它的廉政制度体系同样不能离开这一根本利益诉求而存在。从这一本质出发,近代海关的廉政建设具有极大的局限性。

(一)区别对待洋员和华员,为洋员不廉行为提供"保护伞"

在近代中国海关的廉政实践中,出于其服务于西方殖民者的利益诉求,在廉政建设中把海关洋员与华员区别对待。洋员被看作在道德水平上具有先天优势,是廉政建设的支柱;而华员被看作廉政风险高发的群体,始终被看作需要防范的对象。因此,在近代海关的廉政实践中,诸如洋员监视华员,不准华员单独承担具有较大廉政风险的验货、检查旅客行李等工作之类的规定,可谓屡见不鲜。

在惩戒措施上,近代海关对于洋员与华员也予以区别对待。在 1869 年颁

---

① 张耀华.《至元市舶则法》中的整治腐败条款[J].中国海关,2000(4).

布的《大清海关管理章程》关于对违规违纪的处罚措施中,从轻到重,可分为私下训斥、当众训斥、上报总税务司期间暂时停职支半薪、总税务司裁定之停职时间支半薪、列名于同级之末位、列名于同等之末位、列名于低一等职位、开革等等。同时制度规定,所有海关关员一经发现有不廉行为,不论任何职级,立即开革。这一制度从表面上看对于海关关员的不廉行为采取了"零容忍"态度,但在实质上却成为了海关不廉洋员的保护伞。由于领事裁判权的存在,海关洋员的违法行为一般难以受到《大清律例》的惩处,而且根据这一规定,无论何种程度的不廉行为,最终受到的惩处最多也仅是被开革出海关队伍,甚至在某些案例中只会受到象征性的责罚。

如在 1922 年初,时任外籍总税务司的安格联,曾经亲自处理一例海关关员收受小费案件,一名超等验货员(洋员)被控多次接受小额小费,累计若干月,已达相当数额。由于该员在验货方法上以严格著称,且 3 个月后将退休。安格联认为,此案影响海关声誉应予处罚,但考虑到该员的实际情形,给予例外处置,将其职级下降一级,并按此职级薪俸直至其退休。事实上,接受报关行等馈送的小费无异于接受贿赂,因此这一处理方式并不符合任何关员无论以任何理由接受外人钱财将受到开除处分的廉政制度。

在实践中,这一开恩做法也仅适用于洋员。对于广大华员,海关则予以更加严密的防范,对违规行为施予更加严格的惩戒。如各口岸海关税务司对副税务司、帮办、头等总巡、验货或同文通事等洋员,有行使暂停职务的权力,但不能予以开革;对于广大华员则可行使立即开革的权力。再如,总税务司特别规定华员品行与私生活不得贻及办事效率,如确不称职,即使该员已在海关供职多年并获得晋升,仍将予以辞退或降薪列为额外人员。此外,被上报有不廉行为的华员,除要接受被开革出海关队伍的惩罚之外,还要被移交中国地方官府接受惩处。

近代海关这一区别对待洋员与华员的做法,不仅导致了海关内部矛盾的激化,而且助长了海关洋员的不廉行为。虽然近代历任海关总税务司都极力宣传其廉政制度的有效性,但海关洋员的不廉行为在事实上仍然经常发生。特别是在进入 20 世纪 20 年代后,随着中国关税自主运动的开展,进口关税税率不断提高,海关洋员与不法商人勾结逃税获利的案例与日俱增。

第三任外籍总税务司安格联在任期间,海关洋员的廉政问题已变得十分严重。1923 年,鉴于经常出现外班洋员不廉案件,安格联要求各关须在各部门中停止录用低级洋员,以及视情况减少洋员人数。并且不得不调整从赫德时期长期沿用的对于不廉洋员的惩处措施,规定如查明洋员犯有舞弊罪,也要移送中国法院惩办。然而这一调整并未从根本上解决中国近代海关的廉政问题。国民政府成立后,随着进口关税税率的大幅提高,走私风险的加剧,廉政案件与日俱增。在其中,江海关、粤海关等对外贸易量较大的海关成为了廉政问题的重灾区,一些数额大、牵涉广的案件开始不断出现。

例如在 1933 年,江海关查获合众公司报关员勾结海关关员私刻关章、篡改报单偷逃税款的系列案件,前后作案 58 起,逃税 186 637 元国币。此案共拘捕人犯 14 名,分别判处 2~5 年徒刑。随后,江海关解雇了有关部门的全部关员。

针对腐败案件高发这一趋势,总税务司署多次调整廉政制度,强化惩戒措施,但收效甚微。至抗日战争胜利后,国民政府海关关员公开勾结不法商人偷逃税款,缉私舰艇公然帮助走私分子携带货物,各类不廉情形几乎呈失控之势。

(二) 缺乏外部监督机制,成为个人专断的"独立王国"

虽然近代海关为了保证高效运行,设立了一系列针对高级关员的内部监督举措。但是为了维护外籍总税务司的地位,近代海关廉政体系始终缺乏一套行之有效的外部监督机制,总税务司统治下海关"独立王国"的局面一直没有根本改变。总税务司的权力缺乏约束,导致的最为典型的后果便是海关第二任总税务司赫德晚年个人腐败,使得整个海关系统陷入危机。

第二任总税务司赫德把持中国海关长达半个世纪。在其任内,在选择海关关员的过程中,虽然也采取过"全球招考、公开选拔"措施,并且招揽了一系列有才干的雇员。但是赫德对于本人的亲属却是"来者不拒",许多赫德的亲属都凭借这一关系占据了海关的重要岗位。如赫德的弟弟赫政,甚至曾一度被推荐为总税务司继承人。再如,在 1897 年,鉴于总税务司职位竞争激烈,赫德自行设置副总税务司一职,以其内弟裴式楷任之。而裴式楷刚刚踏入海关即被安排要职,引起洋员们的普遍议论。赫德的儿子赫承先在 22 岁就担任了他的秘书。国民政府时期的第四任海关外籍总税务司梅乐和,即是赫德的外甥。梅乐和于 1891 年进入海关后,一路官运亨通,只用了 7 年时间便担任了税务司,升迁速度远远超越了同期进入海关的洋员。此外,在海关担任要职的赫德亲属,还有赫德的另一个外甥阿滋本,另一个内弟裴式模,妹夫吴秉文和表亲叶德加,甚至他的一个高龄远房亲戚,也被任命为潮海关税务司帮办。由此可见,鉴于外籍总税务司个人权力缺乏约束,在赫德任内后期,海关几乎沦为其家族产业,同时也使得近代海关各项制度遭受到破坏,陷入了严重的管理危机。

第三节　新时期海关的廉政建设

从新中国海关事业的发展历程看,反对腐败,严控风险,是海关工作的底线要求,是海关事业科学发展的重要保障。海关系统曾经发生过湛江海关"9898"案、厦门海关"420"案等一批重大执法腐败案件,海关社会形象受到极大损害,海关事业也遭受了前所未有的严重挫折。1998 年以来,在党中央国务院的关怀和支持下,海关总署党组(党委)顺应时代发展要求,及时调整了海关工作方针和指导思想,带领全国海关卧薪尝胆,在开拓奋进中走出低谷,取得了业务改革和队伍建设的辉煌成绩。

一、改革开放以来海关廉政建设历程

(一)主动适应阶段

从我国改革开放起步到稳步发展,海关积极探索完善各项制度,业务快速发展,机构不断增加,干部队伍也不断扩大。1986 年,海关总署提出"促进为主"的工作方针和从严治关的要求,并于 1990 年制定了第一部海关工作人员行为规范——《海关廉政规定》,为海关工作人员的行为划定了禁区与红线。其内容包括 8 个方面。

第一,海关工作人员不准利用职权和工作之便徇情放私,索贿受贿;不准违反规定验放进出口货物和物品;不准超越权限减免关税和其他税费;不准乱收税费和超标准收费。

第二,海关工作人员不准以任何名义和方式,接受、贪占工作对象的各种

钱物。

第三，海关工作人员不准向工作对象报销各种私人费用；不准参加工作对象为海关举办的宴请、游览和高消费的娱乐活动。

第四，海关工作人员不准擅自接受境内外企业、贸易机构和华侨、港澳台商人等工作对象邀请到境（国）外进行访问、参观、旅游。

第五，海关工作人员不准利用职权为配偶、子女和亲友经商办企业及货物进出提供超出政策规定的优惠和便利条件；不准在海关查处案件过程中为他人说情，干扰执法。

第六，海关收缴的关税、其他税费、罚没收入和保证金，要按规定上缴、入账，不准越权和擅自批准缓交，不准截留或挪用。罚没物品、放弃物品和无主货物，一律按规定变价上缴国库，不准占用、私分或低价、变相低价留购。

第七，海关一律不准经办除后勤和科技服务以外的"三产"企业。海关工作人员一律不准经商办企业；不准从事有偿的中介活动；除国家规定、经有关部门批准者外，不准从事第二职业。

第八，海关各级领导干部必须带头严格遵守廉政规定，带头廉洁自律，并教育好配偶、子女、亲属和身边的工作人员，不准假领导名义搞特殊化。

在这一时期，海关廉政建设初步适应了改革开放进程，并总体上稳步发展。廉政问题主要特点为案件多，案值小，多体现为刁难卡要。由于改革开放以来走私浪潮的出现，加之海关对"促进为主"的工作方针的片面理解，未能认识到廉政问题的严峻性，随着改革开放的不断深入，海关逐步进入廉政问题的多发期。

（二）紧张应对阶段

进入 20 世纪 90 年代后，在"全民经商"的经济社会环境中，海关面临的执法条件更为复杂，走私现象愈演愈烈，甚至有许多执法部门参与其中，形成了走私的黑洞和链条。在这一阶段，海关系统廉政案件数量急剧上升，违纪违法数额增大，在通关监管流程领域发案情况尤为严重。廉政问题直接破坏"促进为主"的海关工作方针以及"依法行政、贯彻政策"基本准则的落实，对党和国家以及海关事业造成了严重的损害。

面对这一趋势，1993 年海关总署把"从严治关"提高到基本方针的高度，并在 1994 年确立了"依法行政、贯彻政策"的海关业务工作基本要求。在廉政建设实践中,海关强化垂直领导,果断停办海关"三产",围绕正确处理海关工作人员与工作对象关系、加强监督制约机制建设、落实党风廉政问题、实行风险控制等方面,出台多项规定,初步形成了海关廉政制度体系。

(三) 深入反腐阶段

随着 1998 年 7 月全国打击走私工作会议的召开,严厉打击走私重大政策的确立,对海关提出了"管住自己的人,把好国家的门"的要求。从此,海关进入了深入反腐的阶段。

1998 年初,海关总署确立"依法行政、为国把关"的新工作方针,为廉政建设的顺利推进奠定了重要基础。在党中央、国务院的领导下,海关持续开展清除执法腐败和纠风整纪,严肃查处了湛江、厦门、深圳、汕头等地海关的走私和腐败窝案,使得走私势头与违法违纪大案频发势头得到坚决有效的遏制。1998 年到 2001 年,海关系统查处涉案人员 763 人,累计 176 人被追究刑事责任[①],维护了海关队伍的纯洁性,取得了反腐败工作的阶段性成效,初步掌控了海关工作与廉政建设的局面。

在深入反腐期间,海关继续推进廉政制度建设,廉政体系逐步完善。1998 年,海关总署针对海关"点多""线长""面广"、管理监督难度大的特点,创立了海关纪检监察特派员制度,开始对派驻监督工作进行有益探索。经过 20 多年的不断发展,派驻监督工作已成为海关内部监督的重要抓手,并建立了较为完备的制度体系。

其中,海关总署广东分署(1980 年设立)监督范围包括长沙、广州、深圳、拱北、汕头、黄埔、江门、湛江、南宁、海口、重庆、成都、贵阳、昆明等 14 个直属海关;海关总署驻天津特派员办事处(2002 年设立)监督范围包括北京海关、天津海关、石家庄海关、太原海关、呼和浩特海关、满洲里海关、大连海关、沈阳海关、长春海关、郑州海关、哈尔滨海关、兰州海关、银川海关、乌鲁木齐海关、海关总署秦皇岛培训学校等单位;海关总署驻上海特派员办事处(2002 年设立)监督范围包括上海海关、南京海关、杭州海关、

---

① 王平.海关廉政建设[M].北京:中国海关出版社,2008:49.

宁波海关、合肥海关、福州海关、厦门海关、南昌海关、青岛海关、济南海关、上海海关学院等单位。

(四) 注重预防阶段

2002 年年初,海关总署确立了"依法行政、为国把关、促进经济发展"的工作要求,并提出"标本兼治、综合治理、重在治本"的廉政工作思路。2003 年,国家批准海关人员实行关衔制度,海关队伍成为继军队、警察之后的我国第三支实行衔级管理的队伍。2003 年 9 月 12 日,胡锦涛总书记等党和国家领导人接见海关首次授衔人员和先进集体、先进工作代表时,对海关队伍建设提出了"政治坚强、业务过硬、值得信赖"的总要求,为海关工作和队伍指明了方向。

2004 年 4 月 29 日,海关总署公布"六项禁令"并从即日起实施。违者将视其情节轻重予以处分、撤职直至辞退、开除等严厉惩处。这是全国海关加强队伍建设、防患于未然的又一重大举措。"六条禁令"包括:① 严禁参加可能影响公正执行公务的宴请、娱乐等高消费活动;违者予以纪律处分,情节严重者予以辞退或开除。② 严禁向管理相对人报销应由个人支付的费用;违者予以撤职,情节严重者予以辞退或开除。③ 严禁收受管理相对人现金、有价证券、支付凭证及礼物等;违者予以撤职,情节严重者予以辞退或开除。④ 严禁以打招呼等任何方式干扰办案;违者予以撤职,情节严重者予以辞退或开除。⑤ 严禁泄露海关业务秘密;违者予以撤职,情节严重者予以辞退或开除。⑥ 严禁参与、庇护走私;违者一律开除。

在总结历史经验的基础上,海关总署在 2005 年 6 月制定了海关系统惩治和预防腐败体系的指导方案,从健全完善体制机制和制度入手,全面推进廉政体系建设。

海关实行关衔制度,决定了海关队伍必须是一支要求更加严格、管理更加规范、纪律更加严明的公务员队伍。2006 年 5 月,海关总署宣布将全面推行准军事化建设。其中,"政治强、业务精、管理严、作风硬、廉政好、效率高"是建设准军事化海关纪律部队的主要标志。这一要求对于廉政建设的意义在于,用准军事化要求指导和加强海关党风廉政工作,做到基层单位少出违纪违法问题,不出现大面积"塌方性"问题。

随着《公务员法》《海关法》和《中国共产党党员领导干部廉洁从政若干准则》的颁布实施，海关总署独自或会同其他有关部门先后出台"六项廉政规定"，从严治关，进一步维护海关队伍纯洁性与提高海关队伍防腐拒变的能力。六项规定分别为《海关党员领导干部廉洁从政若干规定》《海关工作人员廉政纪律若干规定》《海关工作人员六项禁令》（署党发〔2012〕29号）、《海关落实防止发生利益冲突行为有关规定的实施办法（试行）》（署党发〔2012〕30号）、《海关总署关于严禁送收"红包"行为的规定》（署察发〔2011〕505号）、《海关工作人员处分办法》（监察部、人力资源社会保障部、海关总署令第24号）。

六项廉政规定将党和国家对党员领导干部、公务员纪律要求海关化，鲜明地表达了海关提倡什么、反对什么，明确界定了哪些可为以及如何为，哪些不可为以及不可为而为之的后果，内容各有侧重，突出针对性和指导性。

其中，《海关党员领导干部廉洁从政若干规定》侧重规范海关领导干部日常行政管理行为和领导行为，提出10个"不准"，旨在引导领导干部正确行使决策权、管理权和指挥权。《海关工作人员廉政纪律若干规定》侧重规范海关工作人员日常执法廉政行为，提出15个"不准"，旨在引导海关工作人员正确处理与海关工作对象的关系，阻断与工作对象的经济利益联系，防范发生以权谋私行为。《海关落实防止发生利益冲突行为有关规定的实施办法（试行）》是《中国共产党党员领导干部廉洁从政若干准则》的细化和配套制度，规定党员领导干部亲属在一定范围内经商、办企业、从事社会中介服务和担任高级职务等行为的"适用地区范围"、11种纠正情形和处理措施，以及党员领导干部、其他海关工作人员职务后从业行为的限制范围、时限要求和纠正措施。《海关总署关于严禁送收"红包"行为的规定》提出"一拒、二退、三上交、四通报、五公布"的红包处理机制，对规定对送"红包"者采取致函通报、向社会公布、降低信用等级、限制适用便利措施、实施重点监控等措施。《海关工作人员处分办法》是海关执行《行政机关公务员处分条例》的配套制度，设定了走私和传授逃避监管办法、玩忽职守、滥用职权等11类共27种具体违纪违法行为及其量纪标准。尤其是对参与、包庇、纵容走私行为和传授逃避海关监管方法的行为，规定一律给予开除处分。

这六项廉政制度不仅是坚持从严治关、维护海关队伍纯洁性的内在要求,同时也是构建惩治和预防腐败体系、深化反腐倡廉建设的重要保证,以及引导广大海关工作人员规范行为、增强拒腐防变和抵御风险能力的重要举措。此外,六项廉政制度的出台,对于增强海关公信力、巩固海廉政勤政良好形象具有十分重大的意义。在一系列制度建设的基础上形成的海关廉政体系如表7-1所示。

表7-1　海关廉政体系

行为规范	《中国共产党党员领导干部廉洁从政若干准则》(2016年1月1日起废止,实施修订后的《中国共产党廉洁自律准则》) 《海关党员领导干部廉洁从政若干规定》 《海关工作人员廉政纪律若干规定》 《海关工作人员六项禁令》
配套支撑	《海关落实防止发生利益冲突行为有关规定的实施办法(试行)》
执行保证	《海关工作人员处分办法》

从总体上看,进入新世纪后,我国海关廉政工作取得了实质性进展,成效明显。海关系统惩治和预防腐败体系建设基本完成,形成包括廉政教育、规章制度体系、内部监督体系、案件查办措施四方面内容的廉政体系。同时,违法违纪案件得到更为有力的查处。海关队伍建设得到了党中央、国务院、社会各界的充分肯定与广泛好评。

(五) 全面从严治党阶段

全面从严治党是党的十八大以来党中央作出的重大战略部署,在这一背景下,海关廉政工作体现出了新的特点。党的十八大提出建设廉洁政治的重大任务,对海关在中国特色社会主义事业中充分发挥职能作用提出了更高的廉政要求。在"十二五"开局的重要关头,海关总署提出"四好"总体要求,从"为国把关"到"把好国门",从"服务经济"到"做好服务",特别明确了"防好风险"的底线要求,以及"带好队伍"的政治责任。在海关系统深入学习贯彻党的十八大精神的背景下,总署党组又提出学习型、服务型、法治型、创新型、廉洁型海关的建设要求。其中,建设廉洁型海关,就是要坚持从严治关,统筹推进纪律建设、作风建设和反腐倡廉建设,把防好风险要求融入各项执法、管理和改革之中,加强对权力运行的制约和监督,守住底线,纯洁队伍,展示海关风清气正的良好形象。

在 2013 年全国海关关长会议上,时任海关总署署长于广洲代表署党组提出"建设廉洁型海关",是海关深入贯彻党的十八大关于"坚决反对腐败、建设廉洁政治"要求的重大举措,是海关回应人民群众期盼、深化党风廉政建设的必然选择,也是贯彻"四好"总体要求、实现海关科学发展的重要保证。十九大以来,倪岳峰署长提出"认真落实全面从严治党主体责任,打造新时代清廉海关"的新要求,确保党中央全面从严治党的各项任务要求在海关落地生根、取得实效。

随着深化机构改革的全面铺开,在关检职能整合之后,海关担负的使命任务更加繁重和多样,海关廉政建设在新时代面临着新的任务。党的十九大以来,全国海关按照党中央统一部署要求,认真学习宣传贯彻习近平新时代中国特色社会主义思想和党的十九大精神,将新时代海关建设内涵进一步凝练为"五关建设",其中"从严治关"体现出新时代中国特色社会主义新海关廉政建设的要求。

"从严治关"要求新时代海关要着力加强准军事化纪律部队建设,把听党指挥、政治坚定作为灵魂,持续用力、久久为功,努力打造一支"政治坚定、业务精通、令行禁止、担当奉献"的准军事化纪律部队。要着力培养高素质干部人才队伍,建立健全源头培养、跟踪培养、全程培养体系,以德为先、任人唯贤,发现、表彰和选拔敢于负责、勇于担当、善于作为、实绩突出、清正廉洁的干部,对不作为、慢作为的干部坚决调整。要真心关爱干部,用活用好各项政策,帮助解决实际问题,关注干部身心健康,增强干部职工的职业荣誉感、归属感。要继续认真落实中央八项规定精神,驰而不息纠正"四风",加大对以权谋私、受贿放私、失职渎职和群体性执法腐败问题的惩处力度,严肃查处"贴着海关发财"等问题,深化打私反腐"一案双查",始终保持惩治腐败高压态势,坚定不移推进反腐败斗争,进一步深化政治巡视,加强纪检监察机构自身建设,保持政治定力,坚守责任担当,忠诚履职尽责,把全面从严治党引向深入,努力打造新时代清廉海关。

党的十八大以来,截至 2020 年,在海关系统共立案查处违纪违法案件 1 016 件,给予党政纪处分 1 154 人,组织处理 1 063 人,被采取刑事强制措施

311 人；其中，党的十九大以来立案 184 件，给予党政纪处分 196 人，组织处理
303 人，被采取刑事强制措施 23 人。党的十九大以来，违纪违法案件数量和
受处分人数呈现相对下降趋势，这意味着十八大以来海关廉政工作取得了显
著成效。

同时，海关廉政建设为中国进一步提高对外开放水平提供了保障。世界
银行发布的《2020 年营商环境报告》指出，中国营商环境近年来大幅提升，由
2018 年的 78 名提升到 31 名，跨境贸易分值 82.59（上海分值 83.06）。该报告
还指出，我国进出口通关时间与成本大幅下降。在营商环境各项指标中，海
关工作人员素质、通关流程、机会成本等得分与海关廉政工作密切相关。

二、海关廉政建设经验教训案例解读

（一）红其拉甫海关"一个不倒、一个不少"

红其拉甫海关地处帕米尔高原，新中国成立以来，历代红其拉甫海关人
在艰苦创业、无私奉献的历史中，形成了以"特别能吃苦，特别能忍耐，特别能
战斗，特别能奉献"为主要内容的红其拉甫海关艰苦奋斗精神。同时，红其拉
甫海关坚持以准军事化的理念管理队伍、以准军事化的作风锻炼队伍、以准
军事化的标准检验队伍，不断加强纪律作风建设，营造良好氛围，树立良好形
象，实现了自建关以来"一个不倒、一个不少"的廉政目标。作为海关廉政建
设基层典型案例，红其拉甫海关在廉政建设工作方面形成以下经验。

1. 制定准军事化管理制度

为深入推进准军事化海关纪律部队建设，强化队伍纪律作风，提振队伍
精神，红其拉甫海关制定了一系列准军事化管理制度，包括《红其拉甫海关关
员一日生活管理制度》《红其拉甫海关内务管理制度》《红其拉甫海关关容关
貌制度》等。按照新修订的《海关内务规范》和《海关内务督察办法》，坚持把
内务规范作为准军事化海关纪律部队建设重要抓手，坚持抓细抓实抓常，通
过思想教育、纪律约束、监督检查和长效机制建设，提高队伍守纪律、讲规矩
意识，确保政令、警令畅通。制定《红其拉甫海关内务规范十二个必须做
到》，要求关警员严格按照规范加强内务规范化建设，提高准军事化部队
意识。

2. 大力推进规范化管理

在艰苦的生活和工作环境中,红其拉甫海关大力推进规范化管理,磨砺队伍,提高队伍的整体素质。每日饭前半小时组织队列训练,强化准军事化队伍建设要求。以"内务规范强化月"活动为契机,邀请边防部队专业教官对关警员进行队列集中训练,并对人员达标情况进行考核。日常工作中,选派有队列基础、较强组织管理和施训能力的干部作为队列指挥员,开展常规队列训练,确保动作规范、指挥有力、令行禁止,不断提振队伍的精气神。按计划开展"内务规范强化月"活动,健全内务规范化建设长效机制,常态化开展内务督察和纠风工作;对内务规范活动在科室内进行自我讲评、科室讲评。

3. 积极推动窗口规范化建设

全面推广"班前整理着装仪表、班后整理办公秩序"的养成方式和"周检查、月考核、季评比"的养成机制,在业务现场试行统一摆放申报设备、统一政务公开内容及形式、统一使用规范用语,设立党员示范岗、先进个人示范岗等,推进窗口形象建设,打造规范化、标准化窗口形象。

4. 多措并举,推动党风廉政建设

红其拉甫海关针对现场关员执法权力大、容易产生不廉洁情事的风险,对工作各个环节的权力认真进行分解,建立了一套适合边关特点的监督制约机制。特别是加强了干部八小时外的监督管理,提出要抓好党员干部的"生活圈""社交圈"和"家庭圈"。在"生活圈",主要监督干部的生活方式是否健康,有无"黄、赌、毒"等不良嗜好;在"社交圈",主要监督干部是否注重自身形象,有无收受礼品、公车私用等违反廉洁自律规定的现象;在"家庭圈",主要看干部夫妻关系是否融洽,对父母是否孝顺,对子女是否严格教育,邻里之间是否和睦。为把规章制度落到实处,红其拉甫海关又以党小组为单位,对制度进行了细化、分解,并经常性地开展对照检查。对于出现的不廉洁苗头,红其拉甫海关坚持立即处理,绝不搞下不为例,起到了很好的惩戒作用。

除监督工作以外,红其拉甫海关以廉政文化建设为切入点,努力实现廉政教育的经常性和多样性,在全关营造以廉为荣、以贪为耻的良好风尚。"廉政文化墙"上是干部职工喜闻乐见的廉政漫画;"红关家属寄语栏"上挂的是每位关员的全家福及他们家人所写的廉政勤政寄语;"红关人物英雄谱"上展示的是老一辈红关人的感言警句,提醒关员们时刻珍惜家庭、珍惜荣誉、珍惜这份得之不易的工作。此外。红其拉甫海关还通过"廉政歌曲展播"、廉政短信提示、手机铃声提醒等各种形式,让关员们在潜移默化中接受廉政文化的熏陶,始终保持健康的生活格调和文明的生活方式。

在具体工作中,红其拉甫海关每季度组织各科室开展一次海关业务专项执法互查;每半年召开一次党风廉政建设和反腐败工作例会,及时对新任科级干部、新交流人员和新录用关员进行上岗前的廉政谈话;每年安排两次以上谈心和反腐倡廉专题学习;组织关警员家属开展"走边关、话发展、促廉政"主题活动,签订"家庭助廉承诺书";聘请特邀监督员,做好对海关及其工作人员勤政廉洁、遵纪守法、行风政风、工作效能等的监督;认真把好质量关、采购关和人情关,确保实现"不留遗憾、不留骂名、不留败笔、铸造精品"的目标。

红其拉甫海关人不仅经得起高寒缺氧艰苦环境的考验,而且经受住了走私分子拉拢腐败的考验,做到了"三个干净":思想干净,不动非分之想;双手干净,不捞不义之财;口袋干净,不装不明之物。

(二)"9898"湛江特大走私受贿案

改革开放以来,随着对外贸易的发展,基层海关行政执法人员群体性腐败问题一度比较突出,给国家和社会带来了巨大的经济损失,也给海关的形象带来了巨大的伤害。其中,以"9898"湛江特大走私受贿案影响最为重大。

"9898"湛江特大走私案在当时是新中国成立以来走私数额最大,涉及党政机关、执法部门人员最多的严重经济犯罪案件。自1996年初至1998年9月,香港走私分子李深、张猗、邓崇安、陈励生和内地走私分子林春华、姜连生、李勇等人互相勾结,通过贿赂收买湛江海关、边防等部门及党政机关的工作人员,采取少报多进、伪报品名、不经报验直接提货以及假退运、假核销等手法,大肆进行汽车、成品油、钢材等货物的走私活动,偷逃关税,从中非法牟取暴利,给国家税收造成巨大损失。

1999年,广东审判机关对检察机关提起公诉的湛江特大走私、受贿等案的一批案犯分别作出一审判决:李深、曹秀康等6名罪犯被依法判处死刑,剥夺政治权利终身;其余25名犯罪分子也分别受到法律严惩。

"9898"湛江特大走私受贿案严重影响了当地社会经济的发展,也严重损害了海关的社会形象。当时人称"海关不把关,边防不设防,'打私办'变成

'走私办'"。由此,湛江则变成"走私天堂",破坏了原有的经济秩序、良好的投资环境。1995年到1999年,湛江经济年平均增长速度为6.9%,不仅低于广东省10.2%的平均增速,也低于全国8.3%的平均增速。

(三)上海海关多措并举、多管齐下,推进清廉海关建设

上海海关在廉政建设工作中,从系统性工程的角度着眼,多措并举,多管齐下,推进清廉海关建设。

1. 在理念上,突出"靠前谋划"与"监督指导"

为强化党风廉政建设,督促党组及党组成员、职能部门、基层单位落实党风廉政责任制。上海海关自2014年开始探索"党风廉政建设主体责任"制度。在每年年初制定党风廉政建设重点工作任务、确定责任单位及完成时限的基础上,由政工部门对党组及党组成员推进党风廉政建设情况进行跟踪记录,在每季度第一周,梳理汇总党组及党组成员上季度责任项目推进落实情况,以及本季度需要推进和完成的责任项目,制作《关领导落实党风廉政建设主体责任重点任务提示》,发给相应的党组成员,通报其分管单位任务推进情况,提示党组成员下阶段需要重点关注、督促开展的任务项目和工作建议,并由党组成员选择重点转发相关职能部门及基层单位,借力推进党风廉政建设重点任务的开展。

为解答各单位对于党风廉政建设主体责任包含什么内容,需要对应开展什么工作以及如何开展考评检查的困惑,上海海关在2016年5月设计构建了"上海海关党风廉政建设台账管理平台",从而呼应"留痕"的要求,强化各单位对党风廉政建设台账的管理、使用、保存及检查。平台在厘清党组党风廉政建设责任清单的基础上,对职能部门的6项责任事项、10项责任内容以及隶属单位的6项责任事项、13项责任内容等进行了明确,列明了具体应当完成的任务,还要求将任务完成情况上传至平台中,从而实现提示、提醒、检查等功能。平台已在全关推广运行。

2. 在防控思路上,突出"岗位"风险的评估与处置

上海海关结合海关系统风险防控实践,在HLS2017系统应用和内控机制建设的基础上,对岗位风险量化评估和监控预防进行了初步探索。通过岗位风险的量化评估,对高风险岗位做到心中有数,并采取措施对相应风险提

前预警、提前处置。

上海海关对全关基层单位科级领导岗位的廉政风险进行量化评估,结合总署"三定"方案对机构分类标准和实际岗位分布,共梳理出 58 类岗位,其中 26 类为现场领导岗位。在现场领导岗位中,科级领导岗位 14 类,处级领导岗位 12 类。在岗位梳理基础上,罗列汇总领导岗位常见的风险表象和成因,找出其中影响风险的共性因素和个性因素,并按数学模型设立风险评估指标,依据风险高低赋予不同指标不同的分值。在此基础上,进一步计算量化风险、实践印证调整评估结果。最终将全关各基层科级领导岗位划分为"红、黄、绿"三色等级,高风险红色科级领导岗位 16 个,次级风险黄色岗位 97 个和绿色岗位 113 个。并根据这一结果对相应岗位领导进行具有针对性的管理与监督。自 2012 年以来,在 16 个高风险科室中查处涉嫌受贿案件 2 起,已送检察机关 2 人,组织处理 5 人。

3. 在解决群众反映强烈的问题上,突出"实效"要求

海关政风行风问题与社会组织、广大群众息息相关。一些备受社会诟病、群众误解的难题,需要用新方法、新手段来加以解决。十八大以来,上海海关重点解决群众身边的腐败问题,尤其是群众最关注、反映最强烈的"海关搞定费"问题。

2013 年初,一位网友在新浪微博上贴出了某银行网银转账单页面截图和与一位夏先生通信的手机短信截图。网银转账单注明此费用为"外高桥保税区二期海关于丹阳海关服务费"。在回复部分网友留言时,博主称,"海关的信息是听报关行的人说的"。随后,上海海关立即成立工作组核实相关线索,并复查涉事关员当时经手查验的 125 份单证,并未发现问题。后经查实:上海某报关公司受客户上海某国际贸易有限公司委托,向上海海关申报一批铝箔袋货物被布控查验;由于客户不能与海关现场查验关员直接联系,报关员夏某在上海海关对该批货物查验完毕正常放行后,借机以"搞定费"为名向客户索要 2 万元,经"讨价还价"后确定支付 1 万元;此后上海该国际贸易有限公司把 1 万元汇入夏某的个人银行账户。4 月 18 日,在外港海关召开整治假借海关名义骗取"搞定费"行为现场会,澄清了相关单证的通关流程,通报了骗取"搞定费"情事的查处过程、查处依据,以及对涉案报关企业给予降低企业资质、加大监管力度等惩戒措施,为相关海关及海关工作人员恢复名誉。

针对此类假借海关名义骗取"搞定费"情事,上海海关的措施是:一是凡闻有"搞定费"情事,第一时间进行回应。特别是对微博、微信、网络社区留言等媒体中出现的情况,及时回应并与反映人取得联系,表明海关"零容忍"态度。二是联系反映人,及时取证核查,弄清事实,找出"始作俑者"。对确为欺诈行为的,进行相应惩处,并退还不当所得;对海关人员收受好处费的,严厉查处。三是及时将查核情况和处理情况反馈反映人,请反映人自行消除网络不良影响。四是事后加强宣传报道,让社会群众进一步了解海关、支持海关。

4. 在廉政文化上,采取多种宣传方式

为顺应传播媒介的发展趋势,上海海关积极运用微信、微博、微电影等新兴事物,集聚"微力量",以增强廉政教育的吸引力及影响力,助推党风廉政建设。例如,上海海关利用微信平台,形成微信公众号矩阵,通过公众号中的廉政板块定期推送廉政教育相关内容,解答通关疑难问题,并通过平台发布海关廉政规定,加大政务公开力度。上海海关积极开展廉政文化作品创作,拍摄廉政微电影、廉政公益广告,以"面对人生起点怎样规划""面对利益诱惑怎样抉择"等角度为切入点,传递廉洁从政理念,引起广大关员共鸣。

(四)海关廉政建设经验总结

第一,必须将海关廉政工作放在全党全国廉政工作与海关整体工作中去把握考虑,结合实际制定正确的反腐倡廉思路。必须从生死存亡的高度,清醒地认识海关战线走私与反走私、腐蚀与反腐蚀斗争的严峻形势。始终站在我国经济发展大局和反腐败斗争全局的高度,从建设准军事化海关纪律部队出发,始终保持如履薄冰、如临深渊的忧患意识。

第二,必须将廉政建设作为系统工程,坚持教育、制度、监督三者并重。在平时教育广大干部牢固树立正确的人生观、价值观,任何时候都不能放松世界观的改造。把改革和加强制度建设作为廉政工作的保证和核心内容,严格管理、严明纪律,管好干部、带好队伍,建立和坚持行之有效的制约机制,切实加强对领导干部特别是"一把手"的监督管理。

第三,必须坚持业务改革和制度建设相结合,把廉政建设最大限度地融入海关的具体工作中,同时广泛运用科技手段,提高监督和管理的科技含量,坚持与时俱进，着力解决新情况新问题。

第四，必须下大力气加强海关党的建设，坚持民主集中制原则，健全党的组织生活，强化党内监督，真正发挥党组织的战斗堡垒作用，确保党的路线方针政策贯彻执行。在廉政建设中，坚持党组的统一领导，加强作风建设，将廉政建设与党风建设相结合。

第四节　海关廉政建设的国际合作

由于海关岗位廉政风险的特点，海关廉政和反腐败已得到国际海关界的共同关注。在严峻的反腐倡廉形势面前，各国海关在各自奋战的同时，也在不断加强国际交流与合作完善标准，从而提高海关廉政水平。国际廉政合作经验对我国海关廉政建设亦有重要的启示。

一、海关合作理事会——世界海关组织的廉政合作进程

海关合作理事会（Customs Co-operation Council）框架下的廉政议题发轫于 20 世纪 80 年代，此时廉政话题逐渐浮出水面，逐步引起关注；20 世纪 90 年代，廉政正式而公开地进入海关合作理事会的议事日程；1993 年制定并发布的《阿鲁沙宣言》（The Arusha Declaration），确立了廉政议题发展的里程碑。21 世纪以来，廉政议题得到前所未有的关注。2003 年，世界海关组织（World Customs Organization，简称 WCO）修订了《阿鲁沙宣言》，重申并拓展了海关廉政建设的基本原则。近年又制定了落实《阿鲁沙宣言》的相关工具，涉及廉政的能力建设活动全面开展。世界海关组织在廉政方面的努力已得到了海关成员方的积极响应和国际社会的广泛关注。

二、世界海关组织的廉政理念

对照 WCO 框架下涉及廉政的标准与工具，尤其是《阿鲁沙宣言》确定的要素和原则，可将 WCO 廉政理念总结为以下六个方面。

第一，WCO 强调各国海关的高层领导及领导集体承担着海关预防腐败

和反腐败的重要责任,廉政建设始终与海关的各项业务和管理等工作紧密联系在一起。保持海关工作的廉洁性贯穿于海关的各项工作,是每个领导都应尽的责任和义务。

第二,WCO认为海关的法律、规章、制度和操作程序等应尽可能协调、简化和易于执行,符合认可的国际公约和技术标准,同时,承认规章制度不能解决所有问题。WCO认为,复杂的规定、制度和管理方式会助长腐败的滋生,应当将海关规章制度尽可能简化,对海关工作程序进行约束。在具体实践中,WCO认为海关应通过改革与现代化建设,在系统和程序上使用现代化方法和手段,整合现有资源,简化工作程序,减少不必要的手工操作和通过回避官方要求可得的利益,减少不必要的工作环节,降低服务对象办理相关手续的成本和海关的管理成本,提高通关效率。

第三,海关工作必须基于"社会上绝大多数纳税人都是守法的"假设,进而重视信息收集和风险分析,提高执法针对性。基于该认识,WCO提出信息化是反腐败最强有力的工具,可以最大限度地减少海关的自由裁量权,减少海关流程中人为操作,确保自由裁量权不被滥用,降低海关工作人员的腐败机会。

第四,应当加强对海关工作人员的社会监督。WCO认为应当提高海关工作人员财产的透明度,海关工作人员应当每年申报(家庭)投资、资产、债务等状况。此外,WCO建议建立起内外结合、综合治理的举报信息渠道,鼓励海关工作人员、工作对象、社会公众对海关执法活动进行监督,对腐败与不道德行为进行举报,并倡导海关建立工作人员直接向最高层官员检举腐败的渠道。此外,WCO认为海关的廉政问题不单是海关的问题,也与服务对象的关系非常大,两者应各负50%的责任;建议企业也应有相应的行为准则。

第五,海关最主要的不仅在于有行为规范,而是应该有十分实用的行为规范。行为规范不但包括关员应做什么、不能做什么,也应包括组织应为关员做什么。行为规范应是统一的,没有领导和关员之分。

第六,WCO讨论了高薪养廉的意义及局限性。WCO认为海关工作人员取得的报酬应当满足使其过上体面生活的需要。如艰苦的工作环境和严格的工作纪律能够与海关工作人员所取得的报酬水平大体相当,严厉的惩罚措施和较高的廉政要求就比较容易被接受。但是，WCO 也指出，高薪永远不可能保证绝对的廉洁，建立报酬制度的目的在于使工作人员获得公平的报酬，从而吸引最优秀的人员到政府服务。

三、中国海关廉政建设与国际接轨的实践

在当今全球化的趋势下，国际廉政合作既是可能的也是必要的。中国海关与 WCO 对廉政的定义及廉政工作的做法都有所不同，但廉政基本价值观念都是一致的。如：确保海关公平、公正、统一执法，个人廉洁自律，按照政策、法律、法规认真履行职责，等等。按照《阿鲁沙宣言》精神，廉政工作应该包含更广泛的内容，是一项需要长期坚持不懈的工作。在廉政上的共识使得国际廉政合作成为可能。加强反腐倡廉国际合作也有利于中国海关学习和借鉴国际海关的反腐败斗争经验，以更加积极的姿态加入国际反腐败斗争的大合作格局中去。

改革开放以来，中国海关积极参与国际海关廉政事务，认真投入到 WCO、APEC 等国际组织的有关行动中，并且取得了丰硕的成果。在廉政建设议题下，中国海关积极开展与世界各国海关高层交流与互访，组织开展关于世界海关廉政假设的系统研究。积极宣传与交流中国海关的反腐败斗争的现状及主要做法，重点介绍中国海关现代化发展规划目标和廉政要求，强调决策层已经将廉政工作视为海关工作的生命线，把廉政建设作为队伍建设永恒的主题。同时，中国海关积极学习借鉴发达国家海关反腐倡廉制度建设有益经验，突出对海关权力特点、相近行业特色的反腐和防腐措施的研究。

海关作为国家进出境监督管理机关，是整个国家执法链条中的重要一环。其承担的监管、征税、查验、缉私、检验检疫等职责都具有高风险性。因此，廉政工作对于确保海关在中国特色社会主义事业中充分发挥职能作用具有极为重要的现实意义。

纵观历史，中国海关具有良好的廉政建设传统。在近代中国，海关成为众多政府部门中廉政建设的典范。其间，高薪养廉制度、严密的内部监督体系、严格的规章制度与惩戒措施、持续的廉政文化建设构成了近代海关廉政体系，为当今海关廉政建设留下了丰富的历史经验。改革开放以来，随着对

外贸易的飞速发展,海关廉政建设对于国民经济发展的意义日趋重要。在不断总结经验教训的基础上,海关逐渐形成了包括"行为规范""配套支撑""执行保证"三个层面的廉政制度体系。十八大以来,新时代海关廉政建设呈现出了新的特点,其中"从严治关"体现出新时代中国特色社会主义新海关廉政建设的要求。

同时,海关廉政近年来亦成为焦点性的国际议题,世界海关组织的海关廉政理念与合作的倡导已得到越来越多国家与地区海关的响应。改革开放以来,中国海关作为世界海关组织的重要成员,在借鉴国际廉政建设经验的同时,也在不断宣传中国海关的做法,在努力破解防止腐败这一长期性、国际性难题的过程中,发挥着越来越重要的作用。

海关关员廉政能力是海关公务员职业能力的重要组成部分,因此,廉政教育直接影响未来海关公务员的廉政行为表现。廉政能力的培养是一个长期的过程,海关从业人员应该高度重视自身廉政能力培养,通过不断学习,提升对"清廉"这一主题的认识水平,提升自身在廉政建设领域的职业胜任能力。

参 考 文 献

［1］习近平.习近平谈治国理政：第3卷［M］.北京：外文出版社，2020.

［2］习近平.在第十八届中央纪律检查委员会第六次全体会议上的讲话［M］.北京：人民出版社，2016.

［3］习近平.决胜全面建成小康社会　夺取新时代中国特色社会主义伟大胜利——在中国共产党第十九次全国代表大会上的报告［M］.北京：人民出版社，2017.

［4］习近平.论坚持全面依法治国［M］.北京：中央文献出版社，2020.

［5］《习近平法治思想概论》编写组.习近平法治思想概论［M］.北京：高等教育出版社，2021.

［6］马克·莱文森.集装箱改变世界（修订版）［M］.姜文波，译.北京：机械工业出版社，2014.

［7］马克思，恩格斯.共产党宣言［M］.北京：人民出版社，2014.

［8］马克思，恩格斯.马克思恩格斯全集：第3卷［M］.北京：人民出版社，2006.

［9］王长江，姜跃.现代政党执政方式比较研究［M］.上海：上海人民出版社，2002.

［10］王平.海关廉政建设［M］.北京：中国海关出版社，2008.

［11］王应麟.玉海［M］.南京：江苏古籍出版社，1987.

［12］王意家，甄鸣，孙国权.海关概论［M］.广州：中山大学出版社，2000.

［13］王韬.弢园文录外编［M］.北京：中华书局，1959.

［14］中共中央文献研究室.习近平关于全面依法治国论述摘编［M］.北京：中央文献出版社，2015.

［15］中共中央纪律检查委员会，中共中央文献研究室.习近平关于党风廉政建设和反腐败斗争论述摘编［M］.北京：中央文献出版社，中国方正出版社，2015.

［16］中共中央党校（国家行政学院）.习近平新时代中国特色社会主义思想基本问题［M］.北京：人民出版社、中共中央党校出版社，2020.

［17］中华人民共和国生物安全法［M］.北京：中国经济出版社，2020.

［18］毛泽东.毛泽东选集：第3卷［M］.北京：人民出版社，1991.

[19] 毛泽东.毛泽东文集:第7卷[M].北京:人民出版社,1999.

[20] 朱振.中国口岸开放的政治经济学分析[M].北京:中国经济出版社,2016.

[21] 刘建军.中国古代政治制度十六讲[M].上海:上海人民出版社,2009.

[22] 吴松弟.中国近代经济地理(第一卷):绪论和全国概况[M].上海:华东师范大学
     出版社,2016.

[23] 宋史·食货志(下)[M].卷一百八.

[24] 阮元.十三经注疏[M].北京:中华书局,1980.

[25] 威廉·韦德.行政法[M].徐炳,等译.北京:中国大百科全书出版社,1997.

[26] 段玉裁.说文解字注[M].上海:上海古籍出版社,1988.

[27] 姚永超,王晓刚.中国海关史十六讲[M].上海:复旦大学出版社,2014.

[28] 高融昆.中国海关的制度创新和管理变革[M].北京:经济管理出版社,2002.

[29] 容庚.金文编[M].北京:中华书局,1985.

[30] 黄胜强.旧中国海关总税务司署通令选编:第1卷[M].北京:中国海关出版
     社,2003.

[31] 黄臻,赵铮,火树贤.历史镜鉴——旧中国海关戒律[M].北京:中国海关出版
     社,2001.

[32] 傅自应.中国对外贸易三十年[M].北京:中国财政经济出版社,2008.

[33] 于广洲.把好国门、做好服务、防好风险、带好队伍,努力开创海关工作新局面——
     在全国海关工作会议上的讲话(2011-7-17)[J].海关研究,2011(4).

[34] 习近平.加强党对全面依法治国的领导[J].求是,2019(4).

[35] 习近平.在统筹推进新冠肺炎疫情防控和经济社会发展工作部署会议上的讲话
     [J].求知,2020(3).

[36] 习近平主持中央政治局第十九次集体学习并发表重要讲话[N].人民日报,2014-
     12-07.

[37] 王剑峰.青年人对文化科技的历史传承责任[J].学习月刊,2014(20).

[38] 王海磬.用学习保持技术青春的"老牟团队"[N].光明日报,2012-10-28.

[39] 毛新堂.我所走过的五年海关历程[C]//中国海关学会主办.五年回顾教育论文
     集,2004.

[40] 叶欣.关于中国关税政策研究:加入WTO之后中国关税减让的评估与未来展望
     [D].对外经济贸易大学,2017.

[41] 弘扬法治精神开创海关法治建设新局面[N].法治日报,2020-12-23.

[42] 刘广平.从融入规则到引领规则的跨越[J].金钥匙,2019(5).

［43］刘少奇.在庆祝五一劳动节大会上的演说［N］.人民日报,1950－05－01.

［44］刘光宇,付宏,李辉.情报视角下的国家生物安全风险防控研究［J］.情报杂志,2021(7).

［45］刘波.人工智能对现代政治的影响［J］.人民论坛,2018(2).

［46］关于进一步加强国境卫生检疫工作依法惩治妨害国境卫生检疫违法犯罪的意见
　　　［N］.法制日报,2020－03－17.

［47］李伯重.火枪加账簿:经济全球化的早期特征［N］.北京日报,2019－11－04.

［48］李国杰,程学旗.大数据研究:未来科技及经济社会发展的重大战略领域——大
　　　数据的研究现状与科学思考［J］.中国科学院院刊,2012(6).

［49］李新实,张顺合,刘晗.新常态下国门生物安全面临的挑战和对策［J］.中国国境卫
　　　生检疫杂志,2017(4).

［50］杨丹辉.对外开放四十年:中国的模式与经验［J］.China Economist,2018(4).

［51］杨雪冬.西方全球化理论:概念、热点和使命［J］.国外社会科学,1999(3).

［52］邱岳.海关执法腐败原因分析与惩治对策研究［D］.天津大学硕士学位论文,2007.

［53］余振京.数据引领助推智慧海关建设［J］.网络安全和信息化,2018(5).

［54］余稳策.新中国70年开放型经济发展历程、逻辑与趋向研判［J］.改革,2019(11).

［55］余潇枫.非传统安全治理能力建设的一种新思路:"检验检疫"的复合型安全职能
　　　分析［J］.人民论坛·学术前沿,2014(5).

［56］宋乐永,林江艳.杨国勋:"金关"幕后故事［N］.计算机世界,2002－09－02.

［57］宋光茂,韩保江.加快现代化经济体系建设(深入学习贯彻习近平新时代中国特色
　　　社会主义思想)［N］.人民日报,2020－02－04.

［58］张文显.中国法治40年:历程、轨迹和经验［J］.吉林大学社会科学学报,2018(5).

［59］张耀华.《至元市舶则法》中的整治腐败条款［J］.中国海关,2000(4).

［60］陈星华.老牟团队:"传帮带"中,永葆技术"青春"［N］.青岛日报,2021－03－25.

［61］陈晖.完善国门生物安全立法研究［J］.上海法学研究,2020(1).

［62］邵奇峰,金澈清,张召,等.区块链技术:架构及进展［J］.计算机学报,2018(5).

［63］季卫东.法律程序的意义——对中国法制建设的另一种思考［J］.中国社会科学,
　　　1993(1).

［64］周明华,游忠明,吴新华."国门生物安全"概念辨析［J］.植物检疫,2016(6).

［65］孟小峰,慈祥.大数据管理:概念、技术与挑战［J］.计算机研究与发展,2013(1).

［66］姚枝仲.新冠疫情与经济全球化［J］.当代世界,2020(7).

［67］袁勇,王飞跃.区块链技术发展现状与展望［J］.自动化学报,2016(4).

［68］钱冠林.在全国海关关长会议上的讲话(1999－1－25)［J］.海关研究,1999(1).

［69］郭建洋，冼晓青，张桂芬，等.我国入侵昆虫研究进展［J］.应用昆虫学报，2019(6).

［70］郭道晖.从人治到法治的历程［J］.炎黄春秋，2016(6).

［71］海关总署.2019 年立案侦办走私犯罪案件 4198 起［N］.科技日报，2020-01-17.

［72］梁正.用 AI 战"疫"，人工智能技术赋能公共治理大有可为［J］.人民论坛，2020(15).

［73］谢锐，等.中国关税有效保护率的动态变迁［J］.管理科学学报，2020(7).

［74］雷磊.法律程序为什么重要？——反思现代社会中程序与法治的关系［J］.中外法学，2014(2).

［75］裴长洪.经济新常态下中国扩大开放的绩效评价［J］.经济研究，2015(4).

［76］廖世晖.总体国家安全观视角下海关履行生物安全相关职责的意义［J］.法制博览，2021(33).

［77］戴杰.支持扩大开放，促进经济建设，努力为巩固和发展我国社会主义制度服务——在 1993 年全国海关关长会议上的报告(1993-1-11)［J］.海关研究，1993(1).

［78］Chen Xiafei and Han Rongfang. Archives of China's Imperial Maritime Customs confidential correspondence between Robert Hart and James Duncan Campbell，1874-1907. Beijing：Foreign Languages Press，1990-1993.

［79］Stanley F. Wright. Hart and the Chinese Customs. Wm. Mullan & Son Ltd.，1950.

［80］Reinhart C，Reinhart V. The pandemic depression：The global economy will never be the same［J］. Foreign Aff.，2020.

［81］United Nations Conference on Trade and Development. DIGITAL ECONOMY REPORT 2021 Cross-border data flows and development：For whom the data flow［OL］. https：//unctad.org/system/files/official-document/der2021_en.pdf.

图书在版编目（CIP）数据

国门中国 / 姚永超主编. — 上海：上海教育出版社，
2023.3
（中国系列丛书）
ISBN 978-7-5720-1939-5

Ⅰ. ①国… Ⅱ. ①姚… Ⅲ. ①海关－介绍－中国 Ⅳ.
①F752.5

中国国家版本馆CIP数据核字(2023)第054195号

责任编辑　邹　楠
美术编辑　郑　艺

中国系列丛书
国门中国
姚永超　主编

出版发行　上海教育出版社有限公司
官　　网　www.seph.com.cn
地　　址　上海市闵行区号景路159弄C座
邮　　编　201101
印　　刷　昆山市亭林印刷有限责任公司
开　　本　700×1000　1/16　印张 10.25　插页 2
字　　数　158 千字
版　　次　2023年4月第1版
印　　次　2023年4月第1次印刷
书　　号　ISBN 978-7-5720-1939-5/D·0018
定　　价　58.00 元

如发现质量问题，读者可向本社调换　电话：021-64373213